小天鹅艺术教育丛书
XIAOTIANE YISHU JIAOYU CONGSHU

张小媛 主编

节庆活动

JIEQING HUODONG

南京师范大学出版社
NANJING NORMAL UNIVERSITY PRESS

图书在版编目(CIP)数据

节庆活动/张小媛主编. —南京:南京师范大学出版社,2011.5
(小天鹅艺术教育丛书)
ISBN 978-7-5651-0483-1/G·1690

Ⅰ.①节… Ⅱ.①张… Ⅲ.①活动课程—学前教育—教学参考资料 Ⅳ.①G613.7

中国版本图书馆 CIP 数据核字(2011)第 163225 号

书　　名	节庆活动
丛 书 名	小天鹅艺术教育丛书
主　　编	张小媛
丛书策划	万　斌　唐　黎
责任编辑	陆正东
出版发行	南京师范大学出版社
地　　址	江苏省南京市宁海路 122 号(邮编:210097)
电　　话	(025)83598077(传真)　83598412(营销部)　83598297(邮购部)
网　　址	http://www.njnup.com
电子信箱	nspzbb@163.com
印　　刷	江苏省高淳印刷股份有限公司
开　　本	787 毫米×1092 毫米　1/16
印　　张	10.25
字　　数	213 千
版　　次	2011 年 10 月第 1 版　2013 年 10 月第 2 次印刷
印　　数	3601—6600 册
书　　号	ISBN 978-7-5651-0483-1/G·1690
定　　价	22.00 元

出 版 人　闻玉银

《节庆活动》编写人员

宋　睿　丁　杉　叶　仙　刘　乐　朱小平　刘晓姝

杨　旭　张　玲　张　梅　沈琳玥　吴蕾蕾　侯　俊

姜　萍　姚　雯　徐　莉　虞林笋　薛　蓓

前 言

传统节日沉淀并折射着千百年来的传统文化。每一个节日都有它的历史渊源、美妙传说、独特情趣和深厚而广泛的民众基础。传统节日的习俗反映了人们的传统习惯、道德风尚和人文观念，寄托着大家对生活的美好愿望与憧憬，具有很强的内聚力和广泛的包容性。随着我国改革开放程度的提高，在传统节日日益受到重视的同时，越来越多的西方节日开始在中国流行开来，如万圣节、圣诞节等。另外，还有一些属于幼儿园自己特色的节日也囊括进了本书的编写范围，旨在全面地介绍针对幼儿园的各类节日活动。

游戏活动占据幼儿园教育活动的半边天，而适逢重大节日所开展的此类活动对于幼儿的成长有着重要意义，一方面过节将是孩子们童年的美好回忆，另一方面在节日里可以通过恰当的活动达到教育上事半功倍的效果。本书所介绍的节日活动都是坚持着寓教于乐的宗旨，摈弃枯燥的说教，针对幼儿心理特点来设计活动方案的。

本书分为三个部分，分别为传统节日、现代节日和幼儿园特有的节日。

第一部分传统节日，包括了元宵节、清明节、端午节、中秋节、重阳节、万圣节和圣诞节，既有中国的传统节日，也有外国的传统节日。这些节日都有着悠久的历史、丰富的文化底蕴，它们以民族文化为载体，既浓缩了千年文明的精华，又包含丰富的礼仪形式。它们所体现的对春天的期盼，对自然的亲近，对生活的美好愿望，对家庭的热爱，对天伦之乐的享受，对祖先的孝敬，对亲情的寄托，对友情的珍视，对人性的回归，对和谐的追求等以及它们所具有的伦理道德、文化审美内涵，在今天仍然具有重要的社会意义和人生意义，也具有潜在的生命力。

第二部分现代节日，包括了元旦、三八国际妇女节、植树节、六一国际儿童节、教师节和国庆节，这些节日基本上是面向特定群体的，如三八国际妇女节面向女性；教师节面向教师等。本书图文并茂地介绍了幼儿园在这些节日里开展的寓教于乐的活动游戏等，这些节日对于孩子们来说正是感恩教育的好时机，因此其中介绍的活动对于孩子们的成长而言意义重大。对于孩子们来说，节日就是一种课程，就是一个快乐的游戏。

第三部分是我园特有的节日，主要有新生节、童话节、运动会和毕业典礼。新生节是孩子们进入幼儿园的第一个节日，童话节是孩子们边演边玩的节日，运动会是孩子们竞争比赛的节日，毕业典礼是孩子们人生路上的第一个驿站。这些节日是我园为孩子量身定做的节日。

本书在结合幼儿园节日教育的现状同时，融入本书编者的一线教育教学经验及其长期的思考，筛选出上述节日活动予以论述。

全书所介绍的节日活动都是针对不同年龄层的幼儿的节日活动制订的活动方案。这些活动的组织形式丰富多彩。主题式活动主要是围绕某一特定节日主题，所开展的活动比较集中、系统；现场式活动则是根据活动现场的特点结合节日主题，所开展的活动比较自由；系列式活动主要适用于节日期间的一系列活动安排，需要幼儿园作统筹安排，各个年龄段的班级都参与。不同的活动组织形式可以根据幼儿园的不同特点和节日的不同侧重点来开展。

幼儿的节日教育活动一直是个方兴未艾的话题。本书虽然有一定的创新，但是编者深知幼儿教育是见仁见智的，因此尽管深知本书尚有许多不成熟的地方，还是权当抛砖引玉，借此机会与广大同仁们交流与学习，恳请各位同仁批评指正。

序一

虞永平

小天鹅幼儿园多年来致力于幼儿艺术教育和课程艺术化的研究和实践，形成了一整套与幼儿园教育指导纲要一致的课程理念，形成了一个具有园所特点的课程实施体系，努力将艺术精神融入整个课程之中，旨在从幼儿身心发展的特点出发，根据以创为源，渗透艺术，使儿童的艺术超越技能训练，真正实现为感官的感受和表现，使艺术教育落到实处，真正为幼儿的心灵中生发出，这是学前教育工作者一直追寻的一种境界，它已深植于小天鹅幼儿园去根开花了，相信会不断生长结出累累硕果，我也相信生活的美、艺术的美将更有力地渗入课程的每一个角落，更有力地渗入幼儿、教师和家长的心间。

虞永平

二〇一〇年十二月

序二　艺术教育的超越

成尚荣

听说，有很多很多人喜欢小天鹅幼儿园。我想，也许，是这所幼儿园的名字美。是啊，小天鹅美丽、纯洁、高雅、天真，这所幼儿园一定像小天鹅一样光彩四溢。后来，我才知道，不是幼儿园的名字给她带来很高的声誉，而是幼儿园以最优秀的教育，让小天鹅在这儿名副其实，赞美小天鹅，实际上是赞美幼儿园。其实，小天鹅已和这所幼儿园融为一体了，小天鹅已成为这所幼儿园的文化形象，成为这所幼儿园的吉祥物，具有了隐喻的意义。于是，我们赞美小天鹅，就是在赞美这所幼儿园的美好。

这所幼儿园就是南京军区政治部小天鹅幼儿园。

小天鹅幼儿园创造了怎样的优秀教育？这早就名闻遐迩，是艺术教育。这所幼儿园让所有的小朋友在"天鹅故乡"的田园里"翩翩起舞"，在"快乐节日"里编织"绚丽童话"，于是小天鹅幼儿园成了"艺术殿堂"。确实，小天鹅幼儿园洋溢着艺术的气息，在幼儿园里幼儿可以在艺术的世界里呼吸，心灵就像生出翅膀一样飞起来。

幼儿需要艺术。不仅如此，更为重要的，幼儿是天生的艺术家，具有"本能的缪斯性"。艺术教育就是顺应他们的天性，就是回归他们的天性，艺术教育可以开发他们的艺术创造潜能。小天鹅幼儿园的这条艺术教育之路是一种智慧的选择。

当下的幼儿特别需要艺术。应试教育及其所谓超常儿教育、超前教育的影响已开始延伸到幼儿园，识字、计算等小学化的倾向使幼儿教育逐步异化。有的地方，有的幼儿园孩子已逐步远离歌声，远离图画，甚至远离了笑声。这是多么恐怖！相比之下，小天鹅幼儿园执著地坚守着艺术教育这块"麦田"，理念与精神是多么可贵。

如今的艺术教育需要校正。在一些幼儿园，在一些教师和家长的理念中，学唱歌是为了当歌唱家，学钢琴是为了当钢琴家，学舞蹈是为了当舞蹈家……艺术教育使幼儿失去了兴趣和灵性。说严重点，这已不是真正的艺术教育了。小天鹅幼儿园却不是这样，他们追求纯粹的艺术教育，追求真正的幼儿园艺术教育。

首先，小天鹅幼儿园对艺术、对艺术教育有深刻的认识。他们认为艺术是人类对生命肯定的方式，是人类向内探索心灵、探索自己的方式。艺术是人类伟大的发明，它是一种语言，一种唯一超越了民族、地域、时间而使全人类相通的语言，甚至可以说，是唯一可能超越人类本身而与天地同和、与宇宙相交的语言。进行艺术教育正是用这种语言去抚慰幼儿稚嫩的生命，唤醒生命内部的温暖和力量，让情感在脉管里流淌。这样深的认识，这样高的立意，使得小天鹅幼儿园不是为艺术教育而艺术教育，而是把艺术和艺术教育融入幼儿的生活和生命里。在小天鹅幼儿园，孩子们不仅会唱会跳会演，更可贵的是他们都很健康都很快乐都很可爱都很幸福都很美丽，像是一只只小天鹅。

其次，小天鹅幼儿园通过艺术教育构建“艺术化课程”。“艺术化课程”绝不仅仅指艺术领域的课程，而是用艺术的精神对现有课程进行改造，使课程具有艺术的灵性与诗性，具有独特的魅力；用艺术的方法去整合课程，使五大领域互相联系、沟通，成为一个整体，真正成为幼儿自己的课程；在课程中渗透艺术教育，使艺术的因子在课程里得到培育和壮大；使教师的教育教学和管理更具艺术性，更彰显课程的领导力和创造力。这样，艺术化课程，既包含艺术教育又超越艺术教育，是“艺术化”了的课程，是具有艺术特质的课程。

再次，就艺术教育而言，小天鹅幼儿园有更深的意蕴，更智慧的方式，那就是让幼儿用行为去演绎艺术。艺术就在生活中，在幼儿日常生活的方方面面；同时，当幼儿用行为去演绎艺术的时候，艺术已在他们的心田里萌芽了，自然就会从他们的行为中流露出来，表现出来；此外，用行为去演绎艺术，说明他们重视的不是知识、技能和技巧，而是幼儿的表现与表达。这样的艺术教育就达到了一个较高的层次和境界，这是一种与幼儿生活融为一体的艺术教育，是对艺术教育的超越。

以上这一切又都是通过研究去实现的。小天鹅幼儿园是一所重视科研、坚持科研的幼儿园，“九五”、“十五”、“十一五”期间他们一直通过课题去进行艺术教育及课程研究。也正因为这样，幼儿园教师的素质不断提升，包括艺术素养、教育素养和科研素养。这几本专著集中反映了老师们研究与实践的历程和水准，让我非常钦佩。

以上是我对小天鹅幼儿园的一些观察与思考，以此为序，表达我的敬意。

总 论

你是天外来客，崇高而又温柔，多么自由自在，比雪花更洁白，完美的造型，湖上的浪花，轻盈的体态，天上的云彩……

——艾青《天鹅》

小天鹅幼儿园开展艺术教育研究由来已久。自 20 世纪 90 年代初，小天鹅幼儿园依托中国人民解放军前线文工团开办了小天鹅艺术班，即舞蹈班。多年的舞蹈教学实践换来了斐然的成果：各类演出节目不断在省、市，甚至全国获奖。而且，不断听到家长反馈，说小天鹅班的孩子进入小学后在社会交往、责任感、自律性等综合素质方面明显优于其他孩子，这引起了小天鹅幼儿园老师们的重视和思考。“九五”期间，他们对已毕业的小天鹅班孩子做了系统的跟踪调查，发现艺术教育绝不限于提高幼儿的艺术素质，而具有促进幼儿全面发展的可能性。国内外相关的文献资料，如人文教育理论、格式塔心理学理论、科林伍德艺术教育理论等也使小天鹅幼儿园更坚定了“以艺术为手段，促进幼儿全面发展”的办园理念，并开始着手编制艺术化课程。历经十年的深入探索，他们对艺术的理解、对艺术教育的界定都不断地趋向深入和完善，逐步构建了“小天鹅艺术化课程”。

一、艺术化课程的界定及特质

提到“艺术化课程”就不能不关注对艺术的界定。小天鹅幼儿园的“艺术化课程”对艺术的界定是广义的。它因具有审美意义而以愉快和动情的感性形式广泛存在于自然、社会之中，因强调体验而使心灵愉悦，因强调创造而能使个体自由畅快地表达表现。

基于这样的界定，小天鹅幼儿园的“艺术化课程”从 20 世纪 90 年代中期的唱唱跳跳中“跳”出来了，以“用艺术设计教育”、“用行为演绎艺术”为理念建构并实施，在全面思考艺术领域和其他领域关系的基础上，以全面发展为价值取向，凭借艺术的思维和形式，把艺术作品作为课程主题的生长点，使其成为融合并渗透了健康、语言、社会、科学、艺术等各领域内容的课程。其中，艺术是课程内容，更是设计、实施课程的思维和手段。

“小天鹅艺术化课程”具有以下特点。

1. 以儿童为主体的

从课程的主体来看，艺术化课程是幼儿的，而非成人化的；从课程的宗旨来看，艺术化课程是为幼儿服务的，是从幼儿出发、促进幼儿发展的；从课程的动力源来看，幼儿是艺术化课程的主要建构者。艺术化课程一般以主题的方式展开，以幼儿的生活为背景，以幼儿的兴趣和需要为依据，以幼儿可感知和可操作为准则，以幼儿全面和谐发展为目标完善优化的。正因为如此，艺术化课程是适合幼儿，为幼儿所需要并能为幼儿所接受的。

2. **有机整合的**

从课程的核心思想和组织方式来看，艺术化课程是各教育领域的有机整合，而非各学科的简单拼凑。

艺术化课程注重整合与和谐。表现在内容方面，加强了各学科间内容的相互渗透，建立了课程内容各要素之间在空间上的关联性和时间上的延续性；表现在课程实施方面，教师、幼儿、家长和社区有关人员都是课程内容的建构者，方案的制订和实施注重从幼儿的自我发展出发，由教师、幼儿或家长、社区有关人员共同进行；表现在活动方面，在一日活动中关注幼儿的各类活动，注意各类活动之间的有机联系，积极发挥这些活动的互补作用，让幼儿在艺术中学习、在生活中学习、在游戏中学习，使一日生活的时时刻刻都成为教育的契机。

3. **鲜活愉悦的**

从课程特性来看，艺术化课程是鲜活的，而非刻板的；是愉悦的，而非枯燥的。

艺术化课程注重从幼儿的兴趣和生活经验出发，充分利用幼儿身边的事物和自然环境，并根据幼儿年龄特点、身心发展规律及培养目标选择和编排，是幼儿生活经验中可感可知的事物。课程不追求过高的目标，而重视幼儿的主动参与和大胆表现，让幼儿在生动、有趣、具有时代特点的活动中得到充分的发展。

4. **广泛延伸和相互渗透的**

从课程实施的途径和方式来看，是广泛延伸的，而非单一和静止的；是相互渗透的，而非分隔和孤立的。

艺术化课程不仅是专门的艺术表演活动，更是回归艺术本义的教育活动。它将艺术渗透到幼儿一日生活的各个环节，注重发挥艺术的情感教育功能，关注每一个幼儿愉悦的审美情绪体验，张扬幼儿的个性，使幼儿浸润在艺术的殿堂中，从表面走向深刻。一日生活因有艺术的渗透而变得美妙起来，成为一个充满奇妙感觉、想象、思考和解决问题的学习并享受的过程。

总之，小天鹅艺术化课程是艺术化的，是审美的，这些特点决定了课程对幼儿的发展、对教师的成长以及对幼儿园的发展都有其独特的价值。

二、艺术化课程的目标与内容

1. **目标**

艺术化课程以培养艺术的人为主要目标，这既包括幼儿，也包括教师。艺术的人首先是指身心全面和谐发展的人，此外特指眼光变得艺术——有对美的敏感性；思维变得艺术——有创新性；人生态度变得艺术——保持乐观积极的态度。在目标设置时，应注重幼儿审美素养、认知品质、社会适应等多方面的协调发展，以及各领域之间的相互渗透和整合，从而形成艺术化课程目标体系。

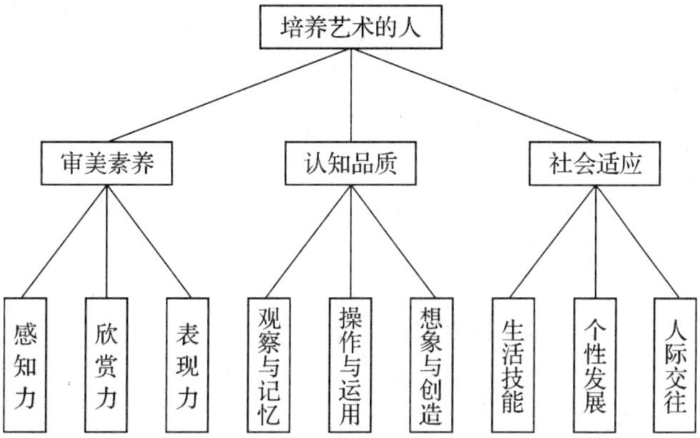

2. **内容**

艺术化课程内容的选择以艺术作品为基点，以作品内涵为线索，以现实生活为背景，以幼儿的需要和兴趣为依据，以可感知性和可操作性为准则，以幼儿全面和谐发展为宗旨。

艺术化课程内容的设置：一是选择相关的艺术作品为主题生长点；二是挖掘艺术作品中蕴含的全面发展功能，编制出课程网络；三是以网络为依托，编写蕴含各领域活动的案例。

三、艺术化课程的框架

“十五”期间，小天鹅幼儿园初步建构了他们的艺术化课程，并把“主题活动”作为“艺术化课程”的主要形式。经过“十一五”的实践研究，他们确认“主题活动”对于实施艺术化课程是合适的，但仍有不完善之处。随着“融合性表演游戏”、“节庆活动”、“游戏化舞蹈”等课题逐步融入课程，艺术化课程的框架便构建完成了。（如下页图所示）

“融合性表演游戏”、“节庆活动”、“游戏化舞蹈”都是小天鹅幼儿园的传统活动，已有十多年的历史。十多年的实践探索形成了它们各自独特的优势资源，其中既有教师积淀下来的丰富的教育经验和指导策略，又有造型各异、生动形象的服装与道具等物质资源，还有前线文工团、警卫连等社区资源。开发和利用这些资源，在保障课程实施和促进幼儿发展方面具有独特的价值。

吸纳了“融合性表演游戏”、“节庆活动”、“游戏化舞蹈”等课题，艺术化课程的艺术特色愈加彰显，幼儿园的艺术氛围也愈加浓厚，幼儿在充分自主、宽松的环境中进行创作、排练、表演，从而以艺术素养为核心带动了幼儿的全面发展。

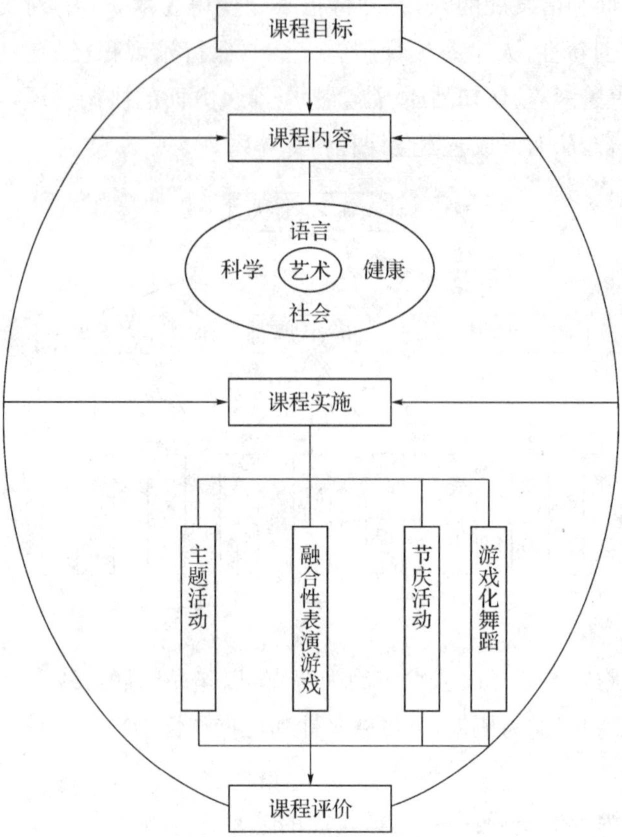

四、艺术化课程的实施原则

艺术化课程的实施以“用行为演绎艺术”为根本，即以艺术化课程为媒介，让幼儿在一日生活中自由地展现并提高以艺术素养为核心的全面素养，在和谐的环境中用行为创造性地诠释课程，并将课程的意义和价值最终融入生活，将课程理解、开发及实施的过程当做提升课程质量的过程，促使教师反思和提高自身整体素养，以达到优化课程、师幼共同成长的目的。

如何引导幼儿用行为演绎艺术，不仅仅是技术层面的问题，更重要的是理念的问题，同时也是艺术教育的发展方向问题。而把艺术教育看成是技艺教育，是目前艺术教育普遍存在的重要问题。我们敏锐地抓住了这个问题，提出了“尊重和引导相结合”的“三不”和“三化”原则。

尊重指爱护并保持幼儿的艺术天性，而引导是教师的点拨、建议和参考，是超越技术、超越技能的，目的是开发幼儿的潜能。“三不”即教师的引导不是既定的，不是限定的，更不是固定的。“不是既定的”意味着不是预设的；“不是限定的”即指尊重艺术的多元化；“不是固定的”即不是僵化的，而是尊重儿童的创造性和个性，给予其自由创造的空间，幼儿可以根据自己的兴趣去体验、表达、表现、创造，从而最大限度地挖掘自己的潜能。“三化”即强调教师引导的个性化、综合化、生活化。每个幼儿都有其不同的身心特点和发展需要，让幼儿用行为演绎艺术需要教师遵循个性化原则。教师应尊重每个幼儿的想法，给幼儿提供自由表现的机会，鼓励幼儿用不同的艺术形式大胆表达自己的情感、理解和想象，肯定并接纳幼儿独特的审美感受和表现方式，分享幼儿创造的快乐，使每个幼儿都能得到艺术的熏陶和培养，最大限度地挖掘自我的艺术潜能。

任何真正的艺术都一定是各种感觉的统合体，幼儿对艺术的感知“不是以概念、逻辑去把握事物，而是通过整个身体的各种感觉和动作去感受、行动和思考，使自身作为一个有机整体与外在事物进行交流，从而获得一体化的感受”。教师应顺应幼儿对艺术的认知特点，遵循综合化原则。这要求教师牢固树立以艺术统合各领域内容的意识，一方面将艺术渗透到各领域中，另一方面将各领域中的艺术元素充分挖掘出来，让幼儿在“润物细无声”式的艺术氛围中获得更加丰富的艺术体验，迸发更多想象和创造的火花，最终得到艺术素养的提高。

生活是艺术之源。幼儿是天生的艺术家，他们带着“泛灵论”的情感虔诚地与大自然对话，在他们眼中，一草一木都带有生气和人的情味，引导幼儿用行为演绎艺术必须遵循生活化原则。生活化原则要求教师把握“真实的体验”，即引领幼儿进入真实的生活世界，让他们在其中真切感受宇宙自然，体验人间情感，把握生命意义，只有在这样的世界中，幼儿才能赋予艺术以生命和魅力。所以，生活化的引导要避免以虚拟的、成人的生活代替儿童的生活，以认识活动代替体验活动。

五、《小天鹅艺术教育丛书》的构架

六年前，基于“十五”期间“用艺术设计教育——艺术化课程的建构与实施”的课题研究，小天鹅幼儿园出版了第一本关于艺术课程的书。六年来，他们不断地深化课程理念、丰富课程内容。于是就有了五本一套的《小天鹅艺术教育丛书》——

《主题活动》是小天鹅幼儿园艺术化课程的支柱。本书集中展示了部分经过反复的“解剖式”教研后的经典教案。“解剖式”教研是我们在专家引领下把教育活动的每个行为细细“解剖”的一种教研形式，在这一过程中关注幼儿行为、落实“以学定教”的教育理念。因此，本书不仅详细地再现了教育活动的过程，而且把每个教育环节中教育行为的设计意图及实施要点都清楚地展现在大家面前。

另外三本分别是《儿童剧表演》、《节庆活动》、《舞蹈》，这些是艺术化课程的重要组成部分，来自于小天鹅幼儿园久远的文化积淀、资源及教育经验的积累。

还有一本是《环境创设》。“建构全方位、立体化的艺术化环境，让幼儿时刻浸润在艺术氛围之中”是小天鹅幼儿园环境创设的重要理念。这本书正是他们在环境创设方面经验的积累，从园舍、廊道、墙饰、吊饰、区角活动等诸多方面，展现了小天鹅幼儿园艺术化的环境创设。

综上所述，本丛书记载着小天鹅幼儿园每一步前行的脚印，浓缩着教师们长期的课程实践和经验探索的历程，是小天鹅幼儿园集体汗水和智慧的结晶。因而，本丛书富有生命力和实用性，对广大幼教工作者都有良好的借鉴意义。

编者

2011 年 6 月

目 录

传统节日

欢欢喜喜闹元宵

一、活动背景

正月十五闹元宵有着悠久的历史，是我国典型的传统节日之一。为了让我园幼儿更好地了解元宵节的内涵，也让更多的家长一起参与到闹元宵的活动中来，全体教师特地设计并组织了“欢欢喜喜闹元宵”大型游园活动。

在此次活动中，通过调查、参观、学习和表演等不同形式的活动，幼儿不仅对有关元宵节的习俗有一个基本的了解，更可以通过自身的参与和表现，进一步获得对节日气氛的体验，并获取多方面的经验。

二、活动组织

（一）各年龄段主题活动目标

小班

1. 知道元宵节是团圆的节日，初步了解元宵节人们的活动和一种特别的食品——元宵。

2. 愉快地参与元宵节的各种活动，感受节日的快乐气氛。

中班

1. 知道农历正月十五是我国的传统节日——元宵节，了解元宵节的来历及习俗（玩灯、赏灯、吃元宵、划旱船等）。

2. 初步尝试用语言、艺术等不同的形式表达自己对元宵节的认识与感受。

3. 感受与教师、小朋友一起玩花灯、猜灯谜、做元宵、吃元宵的快乐。

大班

1. 尝试通过多种途径获得元宵节的相关经验，进一步了解元宵节的来历和习俗。

2. 大胆地创造与想像，通过不同的形式表达自己对元宵节的感受与理解。

3. 积极参与闹元宵的筹备和庆祝工作，在和教师、同伴一起过节的过程中，进一步感受团圆的意义。

（二）活动准备

1. 张贴海报，邀请家长来园参加活动。

2. 举办幼儿自制的花灯展，并开展自制花灯评比活动。

3. 展出能反映幼儿不断丰富元宵节经验的资料和照片。

4. 准备各班游戏活动的材料。

5. 自制品尝元宵的各种材料和工具。

（三）活动案例

★小班手工活动：快乐的彩色元宵

活动目标

1. 自主选择适宜的材料制作彩色元宵，积极思维，大胆动手操作，遇到困难会想办法解决。

2. 初步了解元宵节这一传统节日，感受节日的欢快气氛，体验与同伴一起过节的快乐。

活动准备

1. 已制作成的彩色果汁、米粉。

2. 各种餐具(碗、调羹、盘子等)，抹布。

3. 大地毯上洒满蓝色小皱纹纸条。

活动过程

1. 介绍元宵节这一民族传统节日。

教师引导幼儿讲述：我所知道的元宵节。

教师进一步介绍元宵节的来历和习俗，并引出“吃元宵”这一风俗习惯。

2. 教师出示米粉和彩色水，师幼一起讨论如何制作彩色的元宵。

师：今天我们要来做彩色元宵，需要什么材料呢？（草莓汁、橘子汁、蓝莓汁、玉米汁和米粉。）

师：有了彩色的汁和米粉。我们怎样制作彩色的元宵呢？（米粉里放点彩色的果汁，搅拌米粉，并揉成米粉团，再搓成彩色元宵。）

3. 幼儿自主选择喜欢的材料进行操作。

教师巡回引导，鼓励幼儿大胆尝试；提醒幼儿之间互相帮助，注意卫生；对能力不强的幼儿给予引导和帮助。

幼儿将搓好的元宵放在大盘子里，大家一起分享集体合作的快乐。

4. 游戏“元宵乐”。

幼儿扮成元宵在地毯上自由滚动。（有的幼儿侧着滚、有的幼儿抱着脚翻滚、有的幼儿头顶着地一个接着一个的滚、还有的幼儿两人抱成一团翻滚……）

5. 品尝彩色元宵。

鼓励幼儿有礼貌地邀请老师、弟弟妹妹一起品尝制作好的元宵，感受劳动带来的快乐。

★中班歌唱活动：看灯

活动目标

1. 自然欢快地学唱新歌，初步了解安徽黄梅戏的演唱特点，准确把握空拍的节奏。

2. 感受元宵节的欢乐氛围。

活动准备

幼儿已有的赏灯的经验。

活动过程

1. 导入活动。

师幼讨论有关元宵节的习俗。

2. 欣赏歌曲。

(1) 师:你们听到歌曲中唱的是谁来看灯的?(矮子、胖子、瘦子、老头儿等。)

(2) 师:老师也来学唱一下,小朋友仔细听一下这些人是怎么看灯的?(教师清唱,便于幼儿清楚地感知歌词的内容,以加深对歌曲旋律的理解。)

(3) 教师引导幼儿完整地说出歌词。

3. 学习歌曲。

(1) 教师出示图谱,幼儿看图谱学唱新歌。

(2) 师幼讨论安徽黄梅戏的演唱特点,幼儿完整演唱歌曲。

(3) 幼儿尝试根据歌曲创编动作。

(4) 幼儿尝试对唱表演。

★大班手工活动:做花灯

活动目标

1. 学习运用重叠折剪的技能制作花灯。

2. 在活动中相互交流,体验元宵节的民俗风情,感受生活的乐趣。

活动准备

1. 师幼共同收集各种花灯。

2.《手工》幼儿用书,剪刀、胶水、针、线和花灯范例。

活动过程

1. 引导幼儿互相欣赏同伴的花灯。

师:元宵节到了,我们的教室里挂满了小朋友们带来的各式各样的花灯,你喜欢哪一盏花灯? 为什么?(幼儿互相交流感受。)

2. 教师出示范例,引导幼儿观察,以激发幼儿制作花灯的兴趣。

教师组织幼儿讨论:你想怎么制作花灯?(鼓励幼儿大胆讨论、交流,并说一说自己想出的制作花灯的方法。)

3. 教师讲解制作花灯的步骤。

教师按范例讲解制作花灯的步骤,重点强调沿虚线折时要用手将折痕按平,同时沿虚线剪时把几层纸张捏紧。

4. 幼儿动手制作花灯,再次交代制作要求。

(1) 折纸时要把纸张对齐、按平。

(2) 注意安全使用剪刀。

5. 幼儿制作，教师指导。

(1) 教师全面巡视幼儿的制作情况。

(2) 帮助能力较弱的幼儿完成作品，着重帮助他们沿虚线裁剪时把几层纸捏紧。(教师指导并观察幼儿重叠折剪的方法，及时帮助有困难的幼儿。)

(3) 提醒幼儿折纸时要对齐、按平，并注意安全使用剪刀。

(4) 将幼儿制作的花灯悬挂起来。

6. 展示、讲评幼儿的花灯作品。

幼儿互相欣赏、评价，将幼儿制作的花灯及时布置在教室里。

(四) 活动流程

1. 燃放礼花，敲锣打鼓，迎接家长幼儿入园。

2. 教师精心设计，由家长带着孩子在园内进行集体游园，观看花灯，并到各班参加游戏活动。

3. 每参加一项活动就会盖一枚印章，积满 10 颗印章可换取一件小礼物。

4. 各班游戏活动内容。

年龄段	游戏名称	游戏材料	游戏规则
小班	套圈圈	直径为20厘米的塑料圈、各种玩具小动物	幼儿向场内扔圈，套中小动物多者为胜
	画龙点睛	两张画着龙的图案的大卡纸（眼睛部位为空）、蒙眼睛的布、黑色水笔	幼儿在事先画好的龙的图案上画眼睛，画的位置正确者为胜
	夺宝特工	“电网”、大树、独木桥	听口令幼儿绕过障碍，先到者为胜
	粘鼻子	黑板、画着大头娃娃的卡纸、娃娃的鼻子部位缝上子母贴	幼儿往黑板上的娃娃脸扔鼻子，看谁的能粘住
中班	钓鱼	鱼钩、鱼饵、塑料大池子、小金鱼若干	在规定时间内由家长分别带领两组幼儿在两个水池边钓鱼，钓最多者为胜
	卡拉OK	KTV音响设施一套、麦克风	幼儿可自带唱片或选择一首幼儿园已有歌曲进行演唱
	亲子活动“包元宵”	彩色糯米粉、芝麻馅、豆沙馅、水、锅、电磁炉、碗、筷子	幼儿和家长一起，动手包元宵、煮元宵、吃元宵
大班	“比手画脚”	题目板、奖励品	游戏开始时，教师出示已写好的词组，家长根据词组比画相应的动作，幼儿猜对的给予奖品
	抢椅子	录音机、磁带、椅子	分两组。大人一组，孩子一组，每组5人，放4张椅子。音乐起就绕着椅子走，音乐一停，抢坐椅，没有坐到椅子的淘汰
	“埃菲尔铁塔”	空可乐杯	用空可乐纸杯垒高，搭得又高又稳者取胜
	吸管吹乒乓球	装着一半水的盆子、空盆、吸管、乒乓球	参与者取一根吸管，对着水盆上漂着的乒乓球吹气，把球吹入指定的另一个空盆内

注：全园主题会——猜灯谜，教学楼中间到处悬挂的灯谜。凡猜出谜底的就揭下谜面，到兑奖处兑谜底，答对5题换取一份小礼品。

三、主题活动环境创设

年龄段	班级环境
小班	1. 师幼共同布置“美丽的花灯展”，悬挂幼儿购买或参与自制的花灯 2. 主题墙饰：收集幼儿在节日中赏灯、玩灯的照片 3. 动手区：提供小碗、油泥等材料，引导幼儿在游戏中搓“元宵” 4. 家长园地：贴出“致家长的信”，介绍主题活动的构想和需要配合的事项

续 表

年龄段	班级环境
中班	1. 师幼共同布置“班级花灯展”，悬挂幼儿与父母共同制作的花灯 2. 主题墙饰：幼儿的各种调查资料，幼儿参与节日活动的照片 3. 动手区：提供剪刀及多种半成品材料，引导幼儿尝试制作简单的花灯 4. 表演区：提供音乐磁带、幼儿收集和制作的花灯等材料，引导幼儿表演“花灯秀”、“闹花灯”等节目 5. 家长园地：贴出“致家长的信”，介绍主题活动的构想和需要家长配合的事项
大班	1. 师幼共同布置“好看的花灯”和“自制花灯展” 2. 主题墙饰：围绕“我的问题”、“我的调查”、“我的发现”三方面布置关于元宵节的来历、传说、习俗等内容的调查表及图片、文字资料、幼儿参与活动的照片或其他资料等 3. 语言区：幼儿参观灯展拍摄的照片、录像，有关元宵节的图书、图片等 4. 动手区：提供制作花灯、旱船的工具和师幼共同收集的半成品材料等，引导幼儿动手制作庆祝节日需要的道具 5. 表演区：提供音乐磁带、表演材料，引导幼儿开展打腰鼓、扭秧歌、舞龙等有关元宵节的活动 6. 家长园地：贴出“致家长的信”，介绍主题活动的构想和需要家长配合的事项

注：园内大环境。① 园内大厅和礼堂悬挂教师、幼儿与家长共同收集和制作的各式花灯，花灯下悬挂各种灯谜。② 宣传展板：各班级门口张贴着活动海报和游戏规则说明。③ 在一楼大厅特设兑奖处。

四、活动小结

热火朝天的“闹元宵”主题活动开展了，有句老话曰“上灯圆子，落灯面”，意思就是在正月十五这一天家家户户都要亲自做元宵、吃元宵，在正月十八的时候则会吃面，意味着新的一年真正开始了。而今天正好是正月十五，所以我将小班的“搓元宵”活动安排在了今天，希望孩子们更加深入地了解“元宵节”，同时学会“搓元宵”。

1. 增强幼儿双手协调能力，同时锻炼其手臂的小肌肉。

彩色元宵是建立在幼儿的需要与兴趣上，建立在幼儿已有的经验上，是一个需要与新的经验相整合的活动。在搓元宵的过程中，不仅幼儿两只小手的平衡能力、协调能力得到了锻炼，而且他们在用力把元宵搓圆的过程中，手臂的肌肉也得到了锻炼。

第一次做元宵的时候，大部分孩子捏的面粉团比较大，先期的揉捏力量不大，搓的方法不得当，搓出的元宵很快就散了。少部分幼儿搓得比较好，他们和老师一起帮助同伴，手把手地教不会搓的孩子用小面团揉、捏、搓。在幼儿的努力下，很快元宵做好了。

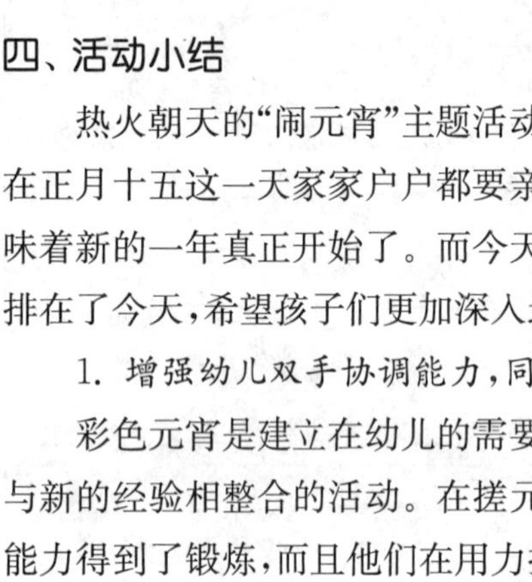

2. 寓教于乐，玩中学，做中学。

“老师，为什么你的元宵会有颜色呢？我家吃的就只有白色的。”当我把事先做好的彩色元宵展示在幼儿面前时，孩子们异口同声地问出了这样的疑问。带着这样的问题，我和幼儿一起动手试验。我们在白色的米粉中加入草莓汁，结果做成了红红的元宵。又在米粉中加入橘子汁，黄色的元宵也诞生了。加入蓝莓汁，紫色的元宵则出现了。就这样在孩子们的欢呼声中，好几种不同颜色的元宵诞生了。

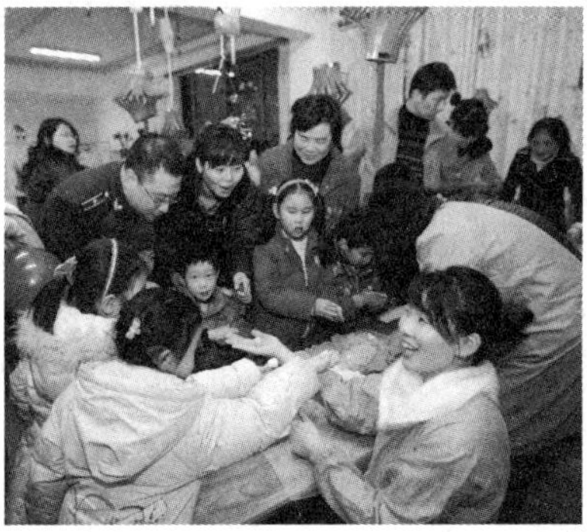

在老师放手让幼儿自由动手搓元宵这一环节，有好几名幼儿不满足于作出单一颜色的元宵，他们往米粉中加入了两种甚至更多的颜色，他们惊奇地发现，元宵的颜色变了，出现了绿色、青色甚至彩色的元宵。他们一边动手操作，一边兴奋地与同伴讨论，看看自己还能变出什么不同颜色的元宵。一时之间，教室内劳动的气氛热火朝天，孩子们一个个忙得不亦乐乎！

3. 分享彩色元宵，增进友谊，感受温暖。

在品尝元宵时，孩子们更展示了他们大方可爱的一面，有礼貌地邀请别班的小朋友、老师共享劳动成果，使全园的孩子感受和体验到中国传统节日的喜庆、祥和、快乐的气氛，感受了与同伴、老师之间的深厚情谊。孩子和老师一起吃着自己做的元宵，感受到自己劳动的成果，别提有多高兴，让教室里充满了浓浓的节日气氛。

五、教学资料

【元宵节的典故】[①]

农历正月十五日，是中国的传统节日——元宵节。正月为元月，古人称夜为“宵”，而十五日又是一年中第一个月圆之夜，所以称正月十五为元宵节，又称为“上元节”。上元，含有“新的一年第一次月圆之夜”的意思，按中国民间的传统，在一元复始，大地回春的节日夜晚，天上明月高悬，地上彩灯万盏，人们观灯、猜灯谜、吃元宵，合家团聚、其乐融融。

元宵节起源于汉朝，据说是汉文帝时为纪念“平吕”而设。汉惠帝刘盈死后，吕后篡权，吕氏宗族把持朝政。周勃、陈平等人在吕后死后，平除吕后势力，拥立刘恒为汉文帝。因为平息诸吕的日子是正月十五日，此后每年正月十五日之夜，汉文帝都微服出宫，与民同乐以示纪念，并把正月十五日定为元宵节。

“猜灯谜”又叫“打灯谜”，是元宵节后增的一项活动，出现在宋朝。南宋时，首都临安每逢元宵节时制谜，猜谜的人众多。开始时是好事者把谜语写在纸条上，贴在五光十色的彩灯上供人猜。因为谜语既能启迪智慧又有趣，所以深受社会各阶层的欢迎。

---

① 2011年4月2日摘自 http://www.china.com.cn/ch-jieri/yuanxiao/2.htm

随着时间的推移，庆祝元宵节的活动越来越多，不少地方增加了耍龙灯、耍狮子、踩高跷、划旱船、扭秧歌、打太平鼓等活动。

【儿歌】

闹元宵[1]

元宵节，月亮圆，圆圆元宵粘又甜。
观花灯，踩高跷，大街小巷真热闹。

看花灯[2]

正月十五月儿明，妈妈领我去看灯。
大宫灯，红彤彤；走马灯，转不停；
金鱼灯，摇尾巴；孔雀灯，开彩屏。
金灯银灯五彩灯，一盏一盏数不清。

卖汤圆[3]

卖汤圆，卖汤圆
小二哥的汤圆是圆又圆
一碗汤圆满又满
三毛钱呀买一碗
汤圆汤圆卖汤圆
晚来一步只怕要卖完
唉嗨哟……
汤圆汤圆卖汤圆
晚来一步只怕要卖完

---

① 2011年4月2日摘自 http://www.babyschool.com.cn/info/detail76037.htm
② 2011年4月2日摘自 http://zhidao.baidu.com/question/46570904.html?an=0&si=3
③ 2011年4月2日摘自 http://zhidao.baidu.com/question/2080031.html?an=0&si=1

元宵节数花灯[①]

冬冬锵，锵锵冬，正月十五闹花灯。
鸡娃灯，鸭娃灯，一蹦一蹦青蛙灯；
荷花灯，莲蓬灯，一朵一朵牡丹灯；
谷穗灯，麦穗灯，一盏一盏丰收灯；
狮子灯，绣球灯，一条一条长龙灯；
一二三四五六七……宝宝数灯数不清；
爷爷奶奶帮他数，一数数到大天明。

（沈琳玥/文）

① 2011年4月2日摘自 http://www.gaoxinedu.net/ThreeAndOne/Components/News/infoshow.aspx?newsid=131995

忆往昔·清明

一、活动背景

"清明时节雨纷纷，路上行人欲断魂。借问酒家何处有，牧童遥指杏花村。"伴随着孩子们充满着稚气的朗诵声，一年一度的清明节即将到来。为了让幼儿了解清明节的意义、由来及风俗习惯，在清明节前夕，幼儿园开展以"清明"为主题的活动，将主题渗透于集体教学活动中。

此活动时间为一周，分小、中、大班三个年龄段进行。小班幼儿通过欣赏图片、故事等方式激发他们对古诗及历史故事的兴趣，中大班幼儿则通过手工等方式感受了解清明节的风俗。

二、活动组织

（一）各年龄段主题活动目标

小班

1. 在与大自然的接触中初步了解有关清明的活动。
2. 乐于参加与清明节相关的体育活动，发展跑、跳、钻、爬等基本动作。

中班

1. 初步了解清明节的来历和习俗。
2. 学习制作"艾糍"的方法，体验与同伴合作活动的快乐。
3. 在与大自然的接触中体验大自然的美，初步萌发热爱大自然的情感。

大班

1. 喜欢听有关清明的故事，初步理解有关清明古诗的内容。
2. 能按古诗的节律吟诵，激发对古诗吟诵的兴趣。
3. 在观察、欣赏等活动中感知、体验大自然的美，初步萌发热爱、关心大自然的情感。

（二）活动准备

1. 小中大班幼儿学念古诗并初步理解古诗内容，激发幼儿对古诗吟诵的兴趣，并学会按古诗的节律吟诵。
2. 收集有关清明节的图片、资料等布置教室。
3. 中大班幼儿事先做好调查，和家长一起了解清明节的来历和风俗习惯。
4. 家长和幼儿一起在野外采集"艾青"，为做"清明团"做准备。
5. 录音机、录像机、照相机等设备。

（三）活动案例

★小班综合活动——插柳

活动目标

1. 初步理解插柳的意义，懂得植树造林的好处。

2. 通过插柳活动，养成爱劳动的习惯。

活动准备

1. 柳枝若干。

2. 小铁铲、小水桶的数量各为幼儿人数的一半。

活动过程

1. 幼儿观察柳枝。

（1）教师：清明时节，草青树绿，人们有一种习俗即折柳枝，这是为什么？（插柳）

（2）教师出示柳枝，幼儿观察。

① 教师介绍柳枝的茎和叶。

② 幼儿通过看、摸、闻等方式自由观察。

2. 向幼儿讲解插柳的意义，激发幼儿动手插柳的兴趣。

（1）插柳可以渲染节日的气氛，增添节日乐趣。

（2）插柳可以绿化周围的环境。每到柳枝吐绿的时候，它便告诉小朋友们春天已来到了。

3. 组织幼儿在院子周围进行插柳活动。

教师介绍活动规则：四个小朋友一组，其中一人用小桶提水，两人用小铁铲松土，一人拿柳枝。四人要团结协作，看哪一组插得又好又快。

幼儿合作操作。

★中班社会活动——做艾糍

活动目标

1. 初步了解清明节的习俗，知道艾草是做艾糍的必备材料。

2. 学习制作艾糍的方法，体验与同伴合作的快乐。

活动准备

1. 准备好艾草、豆沙馅心。

2. 做艾糍的各种形状、图案的模具。

3. 盆、围裙、盘子、抹布若干及电烤箱 1 个。

活动过程

1. 了解清明节的习俗。

师：今天是清明节，你们知道清明节都有哪些习俗吗？

引导幼儿了解清明节是中国的传统节日。

师：我手里的面团为什么是“青”的？这里面的“青”又是从哪里来的呢？

幼儿自由讨论、猜想。

教师小结：每到清明，家家户户都要做一种叫艾糍的食物，清明节的到来就意味着能品尝那青绿飘香的食物了。这种艾糍是用一种叫做艾草的植物做的，如果在清明节吃用新鲜艾草做的艾糍可以"辟邪"，长年百病不侵。

2. 师幼共同做艾糍。

(1) 将幼儿分成若干小组，和面、揉团、做馅。

(2) 教师指导幼儿包馅：先将面揉成团，再用食指和大拇指捏出一圈"小碗"的边，将适量的馅心放入"小碗"中，最后将面团收口，捏紧搓成团。

(3) 将搓好的"青团"放入自己喜欢的模具中，用手掌均匀地用力，压出自己喜欢的形状。

(4) 将压好图案的"青团"放入烤箱，若干分钟后取出凉透。

3. 品尝劳动成果，交流制作经验。

师幼共同品尝艾糍，感受艾糍的清凉可口，并将艾糍带回家和家人一起分享。

★大班语言活动——古诗《清明》

活动目标

1. 让他们初步理解古诗内容，想像诗中描写的景象。

2. 激发幼儿对古诗吟诵的兴趣，让他们初步学习按古诗的节律吟诵。

活动准备

画有古诗情节的图片1幅，VCD教材。

活动过程

1. 出示图片，引导幼儿观察、讲述。

师：现在老师要请幼儿看一幅图片，你在图片上都看到了什么呢？

2. 幼儿观看 VCD 教材，引发其兴趣。

(1) 师：你们知道现在是什么季节吗？

师：春天到了，小鸟们都飞回来了，花儿也都开了。在春天里，有一天就叫做清明节，你们说清明节人们都要干什么啊？

(2) 幼儿自由讨论。

(3) 教师总结：清明节是人们踏春扫墓的日子。古时候，有一位叫做杜牧的诗人，写了一首关于清明的诗，让我们一起来看一下吧。

(4) 教师播放 VCD，请幼儿观看。

教师向幼儿介绍那个老人就是行人，那个小孩就是牧童，刚才看的那首诗呢，就是描写行人向牧童问路的情节。

3. 教师朗诵并帮助幼儿理解。

(1) 教师有表情、有节奏地朗诵，幼儿欣赏。

师：你在诗歌中听到什么？

(2) 教师再次朗诵，幼儿对照图片初步学习诗歌内容。

(3) 师幼共同朗诵。

(4) 幼儿轮流分组进行诗歌表演。

(5) 幼儿集体朗诵。

4. 结束部分。

请幼儿把学会的古诗在家朗诵给爸爸妈妈听或者在幼儿之间进行交流。

三、主题活动环境创设

年龄段	班级环境
小班	1. 主题墙饰：将幼儿插柳的有关照片布置在主题活动墙饰中，并请家长将幼儿的活动感受用一小段话记录下来，贴在照片下方 2. 自然角：在自然角提供大蒜、萝卜等供幼儿种植
中班	1. 美工角：将做“艾糍”的步骤图展示在美工角，幼儿在区域活动时再根据步骤图继续学做“艾糍” 2. 角色区：将幼儿做的成品放在“超市”里，在角色游戏时供孩子们观赏、购买
大班	1. 语言角：搜集有古诗情节的图片布置在教室的语言角，幼儿在区域活动时可欣赏图片并朗诵古诗 2. 家长园地：请家长将幼儿反馈的古诗内容记录并带回班级，布置在专栏里

四、活动小结

大班幼儿已经具备一定的学习能力和语言掌控能力，而学习古诗是了解我国古典文化必不可少的一部分。古诗《清明》语言精练、富有韵律，诗歌内容以情景描述为主，并辅以节日的情感表述，十分适合幼儿有节奏地朗读，使之从中感受诗歌所表达的情感。选择《清明》这一古诗的学习，很适合清明节的主题，大班幼儿也能够根据古诗内容进行情感的适当迁移。

1. 利用视频媒体，让幼儿感受古诗的意境之美

《清明》一诗，短短四句，句句有情，句句都是一幅生动的画面。大班的孩子已经接触过不少古诗了，有的已经学过《清明》，但在活动中老师通过生动的视频媒体创设的情境让孩子们十分投入，大家对淡雅生动的画面非常感兴趣。在教师通过挂图一句一句揭开古诗时，小朋友们都特别兴奋，和老师一起大声朗读。通过这种方式幼儿很容易理解每一句诗所描述的情境，并和图画一一对应起来，此时仿佛每一句诗都成了一幅流动的画面，再加上抑扬顿挫的语调，孩子们很快就学会了这首古诗。

2. 通过古诗的学习培养幼儿间的合作能力

学习过古诗之后，老师请幼儿分组朗诵表演，每组幼儿都有很强的好胜心，通过集体朗诵、分组朗诵等方式，在朗诵古诗过程中培养了幼儿间的合作能力。另外，幼儿回家朗诵了《清明》，有的幼儿还给家长讲述有关"清明节"的知识。应该说清明节学习古诗的活动起到了意想不到的效果。

六、教学资料

【清明节的典故】①

清明节大约始于我国周代，已有两千五百多年的历史。清明最开始是一个很重要的节气，清明一到，气温升高，正是春耕春种的大好时节，故有"清明前后，种瓜种豆"以及"植树造林，莫过清明"的农谚。

清明节是我国传统节日，也是最重要的祭祀节日，是祭祖和扫墓的日子。扫墓俗称上坟，是祭祀死者的一种活动。汉族和一些少数民族大多都是在清明节扫墓。

按照旧的习俗，扫墓时人们要携带酒食果品、纸钱等物品到墓地，将食物供祭在亲人墓前，再将纸钱焚化，为坟墓培上新土，折几枝嫩绿的新枝插在坟上，然后叩头行礼祭拜，最后吃掉酒食回家。唐代诗人杜牧的诗《清明》写出了清明节的特殊气氛。

清明节，又叫踏青节。按阳历来说，它是在每年的4月4日至6日之间，正是春光明媚、草木吐绿的时节，也正是人们春游（古代叫踏青）的好时候，所以古人有清明踏青，并开展一系列体育活动的习俗。

---

① 2011年3月18日摘自 http://zhidao.baidu.com/question/5132279.htm

【古诗】

《清明》[1]

（唐）杜　牧

清明时节雨纷纷，路上行人欲断魂。
借问酒家何处有，牧童遥指杏花村。

《清明日宴梅道士房》[2]

（唐）孟浩然

林卧愁春尽，开轩览物华。
忽逢青鸟使，邀入赤松家。
丹灶初开火，仙桃正发花。
童颜若可驻，何惜醉流霞！

（刘小殊/文）

---

① 2011年3月18日摘自 http://baike.baidu.com/view/294.htm
② 2011年3月18日摘自 http://baike.baidu.com/view/655365.htm

端午佳节到，粽子清香飘

一、活动背景

农历五月初五，是中国民间的传统节日——端午节。端午节各地的习俗也不尽相同，如女儿回娘家、挂钟馗像、悬挂菖蒲和艾草、佩香囊等。

端午节主题活动时间为一周，前期各班开展有关端午节的节日教育活动，涉及语言、社会、美术、音乐、数学、健康等各领域，教师与幼儿共同布置节日环境，了解游戏规则和注意事项。端午节当天开展了包粽子、做香囊、赛龙舟等一系列活动，让幼儿在活动中了解端午节的一些习俗，并通过亲子活动包粽子，增进亲子情感，体验亲子游戏的乐趣。

幼儿园通过开展一系列的端午活动，使幼儿对端午节这个中国传统节日有了一定的了解和认识。这些活动既能锻炼和发展幼儿的动手能力，又能增进幼儿对中国传统文化的了解。

二、活动组织

（一）各年龄段主题活动目标

小班

1. 知道端午节是我国的传统节日，初步了解端午节。

2. 通过实践操作活动，了解粽子的形状和品种，能与同伴进行交流和合作。

中班

1. 能在集体面前大胆地讲述自己在端午节的见闻和感受。

2. 知道端午节的一些传统习俗，如挂艾草、送香袋等，感受传统节日带来的快乐，萌发热爱祖国传统文化的情感。

大班

1. 尝试运用画、撕、剪、贴等多种方式和同伴共同装饰美丽的龙舟。

2. 喜欢阅读与端午节有关的儿童文学作品，了解端午节的由来和习俗。

3. 积极参与赛龙舟等传统体育活动，能遵守规则，有初步的合作意识和竞赛意识。

（二）活动准备

1. 请家长与幼儿一起收集有关端午节的资料，如图书、照片、歌谣及相关的音像制品等。

2. 家长和幼儿共同准备粽叶、糯米、红枣、线和剪刀。

3. 布置活动场地，营造浓烈的节日氛围。

4. 录音机、录像机、照相机等设备。

（三）活动案例

★小班亲子活动——包粽子

活动目标

1. 初步了解端午节是我国的传统节日。

2. 通过观察、交流，了解粽子的形状，尝试与爸爸妈妈一起包粽子。

活动准备

1. 故事录音。

2. 各种形状的粽子，粽叶若干、米、蜜枣、皮筋、点心盘、毛巾等。

活动过程

1. 简单了解端午节的习俗。

师：你们知道端午节是怎么来的吗？端午节都有哪些习俗？我们请爸爸妈妈来告诉我们。（请爸爸妈妈介绍端午节。）

教师总结：每年的农历五月初五是端午节，也叫端阳节，是中国的传统节日，主要是为了纪念伟大的诗人屈原而设立的节日。在端午节这一天，我们都要吃粽子、挂鸭蛋、带香包。

2. 亲子包粽子活动。

（1）观看包粽子的视频，让幼儿了解包粽子的过程。

（2）教师出示包粽子各环节的图片。

准备好干净的粽叶

准备好各种糯米、鲜肉、红枣等馅

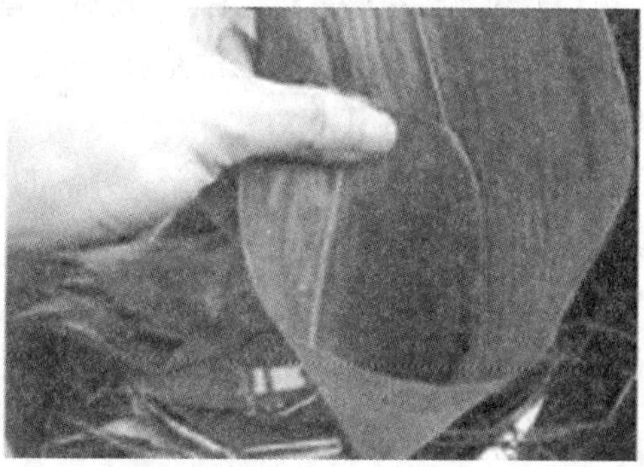

先取两片粽叶并列折成漏斗状

用勺将米、红枣等馅填入至八分满，抖动粽叶，让米瓷实，两边粽叶向内折，把米盖住，以免漏角。

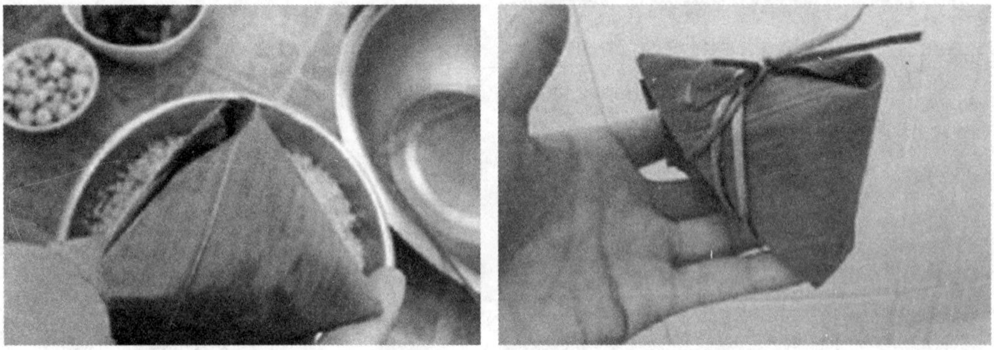

把上端多余的两片粽叶折回盖住米，并向左转折出尖角，用绳子将几个角捆好。

(3) 幼儿与家长一起包粽子，教师从旁指导。

洗粽叶。幼儿尝试自己洗粽叶，共分五个步骤：卷袖子、擦粽叶、洗粽叶、甩粽叶、卷粽叶。

包粽子。由于小班幼儿年龄还小，可以让家长卷粽叶，幼儿尝试自己放一些米到粽叶上，再由家长包粽叶。

品粽子。各班将包好的粽子送到食堂，由厨师煮好后，大家一起品尝。

3. 挂艾草、菖蒲。

幼儿与父母一起将带来的艾草、菖蒲挂在班级教室门口，并使幼儿初步了解艾草、菖蒲的用途(散发芳香、驱赶飞虫、清除污浊空气)。

★中班美术活动——五彩的鸭蛋

活动目标

1. 运用线条、色彩装饰鸭蛋。

2. 大胆发挥想像力，感受线条及色彩的装饰美。

活动准备

蜡笔、棉签、排笔、颜料、调色盘、小水桶和抹布。

活动过程

1. 欣赏五彩的鸭蛋。

(1) 幼儿自由欣赏五彩鸭蛋。

(2) 师幼共同讨论，初步感受五彩鸭蛋的线条及色彩的装饰美。

师：你觉得哪个鸭蛋最漂亮，为什么？

2. 教师引导幼儿重点观察鸭蛋上的装饰线条及颜色搭配。

(1) 幼儿观察、讨论五彩鸭蛋的装饰线条。

教师引导幼儿知道有直线、曲线、虚线、网格等线条装饰方法。

(2) 幼儿观察、讨论五彩鸭蛋的颜色搭配。

教师引导幼儿了解相近色搭配和对比色搭配。

3. 幼儿自由讨论装饰鸭蛋的方法。

4. 幼儿制作五彩的鸭蛋。

引导幼儿先在鸭蛋的外面用蜡笔进行线条装饰，再用排笔涂颜料。

重点指导幼儿注意线条的运用和色彩的搭配，提醒幼儿绘画时保持桌面的整洁。

5. 幼儿相互欣赏作品。

★大班美术活动——美丽的龙舟

活动目标

1. 尝试运用画、撕、剪、贴等多种方式和同伴共同装饰美丽的龙舟。

2. 乐意和同伴共同协商、分工装饰龙舟，体验合作的乐趣。

活动准备

1. 赛龙舟视频和照片。

2. 未装饰的龙舟、彩纸、笔、剪刀、胶水、抹布等。

活动过程

1. 导入活动

引导幼儿观看有关赛龙舟的视频，激发兴趣，导入活动。

2. 师幼观察讨论

(1) 引导幼儿仔细观察端午节龙舟比赛的照片，尤其是龙舟的外形特征，教师积极引导幼儿独立总结。

(2) 师幼讨论装饰龙舟的方法。

师：小朋友们开动脑筋想一想，怎么样才能让我们的龙舟更漂亮？

3. 教师指导幼儿合作装饰龙舟

(1) 师：小朋友们想怎样装饰自己的龙舟？我们看到视频里很多人一起努力才把龙舟划得又快又稳，那小朋友只有我们一起装饰龙舟才可以让龙舟更漂亮。

(2) 分组协商、分工装饰龙舟，教师观察幼儿合作情况，并对有困难的幼儿进行指导。

4. 美丽的龙舟展

举办“美丽的龙舟展”，教师带领幼儿欣赏合作装饰的龙舟，让幼儿说一说“是如何与小伙伴合作让龙舟变美丽的”，让幼儿体验合作成功的快乐。

三、主题活动环境创设

年龄段	班级环境
小班	1. 活动区：在楼道旁开辟了一个亲子活动区，墙上悬挂具有端午节象征意义的物品以及与家长共同制作的香包、粽子等挂饰 2. 主题墙饰：收集幼儿在节日中包粽子、吃粽子的照片，布置主题墙饰 3. 美工角：开设美工角，提供画笔、彩色纸，激发幼儿想包粽子的愿望
中班	1. 主题墙饰：师幼共同布置“七彩舞龙迎端午”，幼儿自由地将五颜六色的鳞片粘贴在龙身上 2. 音乐区：开设音乐区“我为龙舟喝彩”，提供各种乐器，幼儿自由挑选乐器并游戏
大班	1. 语言区：开设语言区，提供龙头头饰、端午节的诗歌、童谣供幼儿进行创造性表演 2. 主题墙饰：根据端午节赛龙舟、吃粽子等习俗，师幼收集活动照片及资料布置成主题墙饰 3. 活动区：积极参加赛龙舟体育活动，形成初步的团队合作意识和竞赛意识

四、活动小结

提到端午节大家首先就会想到粽子，所以学习包粽子就成为了端午节日活动的重要组成部分。考虑到活动开展既要对幼儿有一定的挑战性，又需要幼儿一定的动手能力，因此我们选择在中班开展包粽子的活动。同时，邀请家长和幼儿一起包粽子，让幼儿在与家长的合作中锻炼自己动脑动手的能力。

1. 培养幼儿动手能力

活动中教师播放包粽子的视频，幼儿通过看视频初步了解包粽子的过程。在包粽子过程中，幼儿再根据包粽子的图片一步一步进行动手操作，既锻炼了幼儿的动手能力、肌肉协调能力，又使幼儿能综合运用身体各项机能。同时，静态的图片不会使幼儿产生紧迫感，在幼儿遇到困难时家长也会予以帮助指导，使幼儿在宽松愉悦的环境中学会自己动脑动手。

2. 培养幼儿观察图片、按图操作的能力

在教幼儿包粽子的方式选择上，考虑到家长教幼儿包粽子不利于控制活动流程，而教师演示也不能照顾到每个幼儿，我们选择让幼儿根据图片自己认真观察、自己动手操作。幼儿自己观察图片，一方面可以培养幼儿的耐心和观察力，有利于为幼儿创设自由轻松的环境；另一方面按图操作有利于幼儿独立按要求完成操作。

3. 培养幼儿简单测量的能力

包粽子可以说是一个综合活动，既是对幼儿手工制作能力的锻炼，又是对幼儿数学测量能力的培养。在包粽子的过程中有很多需要测量的地方，比如根据粽子的大小选择粽叶、卷粽叶时的测量及系粽子时皮筋的测量等等。在这些细致的步骤里往往包含了活动深入的关键点。教师在这几个环节应特别注意提醒幼儿，使幼儿在快乐的包粽子过程中，有意识地学习很多关于基本测量的知识。

五、教学资料

【端午的历史与风俗】①

端午节又叫端阳节、重午节。从总体上说，各地过节的习俗是基本相同的。如女儿回娘家、挂钟馗像、悬挂菖蒲和艾草，佩香囊、赛龙舟、比武、击球、荡秋千、给小孩涂雄黄等，这些习俗已流传至中国各地及邻近的国家。

1. 划龙舟。在汨罗江畔，每年端午节都要举行隆重的龙舟竞渡活动。竞渡前一般都要先祭屈子庙。然后由主祭人将一条红绸系到“头龙”的头上，由“头桡”将龙头扛到江边洗浴，洗完后将龙头安于船首，这才开始赛龙舟。如今龙舟竞渡已被列为全国正

① 2011年4月2日摘自http://news.xinhuanet.com/ziliao/2004—06/21/content_1536677_1.htm

式体育竞赛项目。龙舟运动作为一项独立的运动项目，目前正在全世界五大洲的60多个国家和地区开展，每年都有约40个国家和地区举办国际性比赛，亚洲龙舟锦标赛、世界龙舟锦标赛均已成功举办多届。

2. 吃粽子。粽子最早出现在春秋时期，到晋代端午食粽子成为全国性风俗，现今各地的粽子，一般都用箬壳包糯米，但内含的花色则根据各地特产和风俗而定，著名的有桂圆粽、肉粽、水晶粽、莲蓉粽、蜜饯粽、板栗粽、辣粽、酸菜粽、火腿粽、咸蛋粽等等。

3. 悬艾草、菖蒲。在我国民间有一句谚语："清明插柳，端午插艾。"端午节之际，将艾叶悬于堂中，用菖蒲作剑插于门楣，可以散发芳香，驱赶飞虫，清除污浊空气，或将艾叶和苍术、白芷、大黄、芸香等中草药放在室内燃熏，能赶走蛇虫，也是一种空气消毒的良方。

4. 佩香囊、荷包。端午节来临时盛行佩香囊、佩荷包。小孩佩香囊，不但有辟邪驱瘟之意，而且有襟头点缀之风。香囊内有朱砂、雄黄、香药，外包以丝布，再以五色丝线弦扣成索，做各种不同形状，结成一串，五颜六色，玲珑夺目，既美观漂亮，又清香四溢，还可以预防某些传染性疾病。

5. 饮雄黄酒。古语曾说："饮了雄黄酒，病魔都远走。"端午饮雄黄酒的习俗，从前在长江流域极为盛行。端午节这天，孩子们拿了艾叶，戴上菖蒲，额头上用雄黄酒写了"王"字，以辟邪防疫。把雄黄酒洒在墙角、床底等处，可以驱虫，清洁环境。

【古诗】

《五月五日》①

（宋）梅尧臣

屈氏已沉死，楚人哀不容。何尝奈谗谤，徒欲却蛟龙。
未泯生前恨，而追没后踪。沅湘碧潭水，应自照千峰。

《和端午》②

（宋）张　耒

竞渡深悲千载冤，忠魂一去讵能还。
国亡身殒今何有，只留离骚在世间。

（姚　雯/文）

---

① 2011年4月2日摘自 http://zhidao.baidu.com/question/276102316.htm
② 2011年4月2日摘自 http://zhidao.baidu.com/question/254199239.htm

中秋家家乐

一、活动背景

在我国传统节日中，中秋节是仅次于春节的第二大节，有着悠久的历史。八月十五的月亮更圆、更明亮，当人们仰望天空如玉如盘的朗朗明月，自然会期盼家人团聚。而远在他乡的游子，也借此寄托自己对故乡和亲人的思念之情。所以，让幼儿理解感受中秋团圆的意义显得特别重要。

在为期两周的主题活动中，各班通过调查、参观、学习和表演等不同形式的活动，使幼儿对中秋节的传统文化和民俗习惯有了一个基本的了解，更通过自身的参与和表现，进一步获得对节日气氛的体验和多方面的经验。中秋节的前一天则结合游园艺术表演活动，分小、中、大班三个年龄段进行。小班在主持人老师的带领下，进行表演、品尝等活动；中班则由师幼共同主持，进行竞答表演；大班的活动则完全由幼儿主持，老师协助，开展丰富多彩的活动。孩子们通过参与游园艺术表演活动，既提高了对中国传统节日的认知，又提高了自身组织能力，同时增强了集体的凝聚力。

二、活动组织

（一）各年龄段主题活动目标

小班

1. 知道中秋节是团圆的节日，初步了解中秋节人们的活动和一种特别的食品——月饼。

2. 愉快地参与中秋节各项活动，感受节日的快乐气氛。

中班

1. 知道农历八月十五是我国的传统节日——中秋节，了解中秋节的来历及习俗（赏月、吃月饼等）。

2. 初步尝试用语言、艺术等不同的形式表达自己对中秋的认识与感受。

3. 感受与老师、小朋友一起做月饼、吃月饼的快乐。

大班

1. 尝试通过多种途径获得中秋节的相关经验，进一步了解中秋节的来历和风俗习惯。

2. 大胆地创造与想像，通过不同的形式表达自己的感受与理解。

3. 积极参与"中秋家家乐"的筹备和庆祝工作，在和老师、同伴一起过节的过程中，进一步感受中秋团圆的意义。

（二）活动准备

1. 张贴海报，邀请家长来园参加活动。

2. 布置中秋节主题墙饰。

3. 准备各班游戏活动的材料。

4. 自制品尝月饼的各种材料和工具。

（三）活动案例

★小班亲子活动——月饼香又甜

活动目标

1. 知道中秋吃月饼的习俗。

2. 愿意和他人分享月饼,学说:"祝××中秋节快乐。"

活动准备

1. 邀请爸爸妈妈到班级参加活动。

2. 每个幼儿带一块月饼。

3. 准备一些小节目。

活动过程

1. 通过与幼儿聊天,引出活动主题。

师:中秋节到了,小朋友们知道中秋节要吃些什么食物吗?

教师引导幼儿了解中秋节可以吃月饼、芋头、柿子等。

2. 了解月饼代表的含义,学说一句祝福的话。

师:月饼圆圆的、甜甜的,代表全家人团团圆圆、甜甜蜜蜜,我们在节日那天可以对爸爸妈妈说一些祝福的话,可以怎么说呢?

幼儿和家长讨论。

幼儿向家长说祝福语:"祝爸爸妈妈中秋节快乐!"

3. 亲子分享月饼。

(1) 学习分月饼。

教师指导幼儿学习将月饼一分为二。

(2) 吃月饼。

幼儿在家长的帮助下尝试分月饼,并与家长共同分享月饼。

4. 亲子联欢。

(1) 幼儿表演节目。

(2) 家长表演节目。

★中班绘画活动——我的月饼我做主

活动目标

1. 能运用线条、圆圈、图形等设计简单的月饼图案。

2. 大胆、独立地进行创作,体会自己做主设计的快乐。

活动准备

有各种纹样的月饼的图片。

活动过程

1. 教师出示具有不同图案的月饼图片,激发幼儿的兴趣。

(1) 幼儿自由观察、讨论。

师:这些月饼图案有什么不同?

教师引导幼儿了解不同的月饼有不同的图案,有的花纹在中心,有的花纹在四周,有的花纹是对称的。

(2) 观察图案,找出图案规律。

师:这些图案是怎么排列的?

教师引导幼儿讨论并了解图案的对称排列。

2. 幼儿自主设计月饼。

(1) 学习目测找月饼的中心点。

教师引导幼儿用目测的方法找出月饼的中心点,然后再设计其他部分。

(2) 学习设计花纹。

教师引导幼儿学习用点、线、圆和花朵、波浪、螺旋等组成花纹。

3. 师幼交流欣赏。

幼儿与同伴分享自己设计的月饼图案。

教师将幼儿的作品展示在中秋节主题墙饰中。

★大班打击乐活动——彩云追月

活动目标

1. 在熟悉乐曲旋律的基础上,尝试选用铃鼓、小铃、圆舞板等乐器为乐曲伴奏。

2. 在看指挥演奏的过程中,能与集体的演奏保持和谐。

3. 体验集体合作演奏的快乐。

活动准备

乐曲磁带、乐器(小铃、圆舞板、铃鼓等)。

活动过程

1. 欣赏乐曲。

师:你们还记得这首乐曲吗?名字叫什么?听了有什么感觉?

引导幼儿感受乐曲欢快的风格。

2. 通过身体的动作,感受乐曲的节奏。

(1) 幼儿边听歌曲边拍手,初步表现乐曲的节奏。

(2) 幼儿分组设计图谱。

(3) 幼儿分组讨论、设计。

3. 尝试用铃鼓、小铃、舞板等乐器为乐曲伴奏。

师:你觉得哪些乐器可以表现乐曲,分别用在哪里?

(1) 模仿乐器演奏的动作表现乐曲节奏。

(2) 尝试看指挥,用铃鼓、小铃、舞板等乐器为乐曲伴奏。

(3) 交换乐器进行演奏。

(四) 活动流程

1. 燃放礼花,敲锣打鼓,小班、中班、大班幼儿分别进入各会场(大班在三楼大礼堂,中班在二楼小礼堂,小班在一楼多功能活动室)。

2. 小班、中班、大班年级组都进行名为"中秋家家乐"的活动,内容形式不同。

3. 各年级组活动内容。

年龄段	活动安排
小班	1. 每班都是一个大家庭，为自己的家庭设计一个响亮的家庭口号，每个家庭再分为两组：表演组和挑战组 2. 每个表演组在主持人的安排下，逐一表演有关中秋节的儿歌或古诗 3. 挑战组在主持人的安排下，回答有关中秋节的相关问题 4. 最后，大家一起制作、品尝月饼
中班	1. 每班都是一个大家庭，为自己的家庭设计一个响亮的家庭口号，每个家庭再分为两组：表演组和挑战组 2. 活动由幼儿和老师共同主持，表演组进行有关中秋故事的挑战赛 3. 挑战组在主持人的安排下，回答有关中秋节的相关问题 4. 最后，大家一起制作、品尝月饼
大班	1. 每班都是一个大家庭，为自己的家庭设计一个响亮的家庭口号，每个家庭再分为两组：表演组和挑战组 2. 活动由幼儿主持，表演组进行有关中秋传说的表演 3. 挑战组在主持人的安排下，抢答有关中秋节的相关问题 4. 最后，大家一起制作、品尝月饼

三、主题活动环境创设

年龄段	班级环境
小班	1. 师幼共同布置“特色月饼展”，悬挂幼儿购买或参与自制的月饼 2. 主题墙饰：收集幼儿在节日中吃月饼、做月饼的照片，布置主题墙饰 3. 动手区：提供小碗、油泥等材料，引导幼儿在游戏中做“月饼” 4. 家长园地：在家长园地贴出“致家长的信”，介绍主题活动的构想和需要配合的事项
中班	1. 师幼共同布置“中秋民俗图片展”，悬挂幼儿与父母共同制作的民俗制品 2. 主题墙饰：幼儿的各种调查资料，幼儿参与节日活动的照片 3. 动手区：提供剪刀及多种半成品材料，引导幼儿尝试制作简单的民俗制品 4. 表演区：提供音乐磁带、幼儿收集的材料，引导幼儿表演“有关中秋的诗歌”等节目 5. 家长园地：贴出“致家长的信”，介绍主题活动的构想和需要配合的事项
大班	1. 师幼共同布置“神秘的太空”和“中秋民俗大全” 2. 主题墙饰：围绕“我的问题”、“我的调查”、“我的发现”三方面布置关于中秋节的来历、传说、习俗等内容的调查表及图片、文字资料，以及幼儿参与活动的照片或其他资料等 3. 语言区：幼儿参与拍摄的照片、录像，有关中秋节的图书、图片等 4. 动手区：提供师幼共同收集的各种各样的月饼盒、半成品材料等，引导幼儿动手制作成自己喜欢的玩具 5. 表演区：提供音乐磁带、表演材料，引导幼儿开展有关中秋节故事表演的活动 6. 家长园地：贴出“致家长的信”，介绍主题活动的构想和需要配合的事项

注：园内环境。① 园内大厅和礼堂悬挂教师、幼儿与家长共同收集的各种民俗照片，照片下有民俗介绍。② 宣传展板：各班级门口布置中秋画展。

四、活动小结

《彩云追月》曲调明快，节奏也并不难，最重要的是很符合中秋的节日氛围。因此，

选择用这首曲子在大班开展一个打击乐伴奏的活动。而大班幼儿已经拥有了一定的乐曲欣赏、表现的能力，因此有能力完成这个活动。而乐器则选择了同一种音色、不同强度的三种乐器：小铃、圆舞板、铃鼓，这三种乐器操作简单，都比较轻便，适合孩子们使用。

1. 欣赏的快乐

为了让孩子们尽快熟悉旋律，我直接用《彩云追月》的欣赏来导入活动。欢快的音乐响起，小朋友们一个个都很兴奋，还跟随着音乐的节奏扭动身体。我先让幼儿听了一遍以熟悉旋律，随后再放第二遍的时候，根据旋律特点开始以提问的方式引导幼儿感知旋律的变化。在第三遍放音乐的时候，小朋友们已经能够根据我的提示自己说出音乐的旋律特点。就整个打击乐编配活动来说，欣赏感知音乐节奏是极为重要的，而今天《彩云追月》欣赏感知，我们大一班的小朋友完成得十分出色。

2. 舞动的快乐

我把小朋友们分成三组，每组都拿着不同乐器，一开始还有小朋友想要别的组的乐器，在教师强调乐器一会儿还要交换之后，大家开始安静地坐在小椅子上了。打击乐编配时，我引导幼儿听音乐选择打击乐器，每组小朋友根据自己组的乐器音色说出用哪种乐器。在选择遇到分歧的时候，我就让小朋友们一组一组的尝试，大家一起听一听到底哪种乐器更合适。在编配的过程中幼儿在教师的引导下选择打击乐并进行演奏，让幼儿体验到了快乐的节日氛围，感知了欢快的音乐旋律，潜移默化中也提升了音乐感受能力。

嫦娥姐姐

3. 分享的快乐

最后一个环节更多是从小朋友们想尝试不同乐器的心理考虑的。有的小朋友总是想用别的组的乐器，我让幼儿轮流交换乐器，这样既满足了幼儿的渴望，又可以生成打击乐活动常规的教育。幼儿拿到自己喜欢的乐器显得尤为快乐，同时也对本节课内容有了进一步巩固和提升。

五、教学资料

【中秋的历史】[①]

中秋节，在我国有着悠久的历史。在周代，每逢中秋夜都要举行迎寒和祭月。设大香案，摆上月饼、西瓜、苹果、红枣、李子、葡萄等祭品祭拜月神，其中月饼和西瓜是绝对不能少的，西瓜还要切成莲花状。在月下，将月亮神像放在月亮的那个方向，红烛高燃，全家人依次拜祭月亮，然后由当家主妇切开团圆月饼。

在唐代，中秋赏月、玩月颇为盛行。而到宋代，中秋赏月之风更盛，每逢这一日，京城的所有店家、酒楼都要重新装饰门面，牌楼上扎绸挂彩，出售新鲜佳果和精制食品，夜市热闹非凡，百姓们多登上楼台，一些富户人家在自己的楼台亭阁上赏月，并摆上食品或安排家宴，共同赏月叙谈。

明清以后，中秋节赏月风俗依旧，许多地方形成了烧斗香、点塔灯、放天灯、走月亮、舞火龙等特殊风俗。

【中秋的传说】[②]

嫦娥奔月

相传，远古时候天上有十日同时出现，晒得庄稼枯死，民不聊生。一个名叫后羿的英雄，力大无穷，他同情受苦的百姓，登上昆仑山顶，运足神力，拉开神弓，一气射下九个太阳，并严令最后一个太阳按时起落，为民造福。后羿因此受到百姓的尊敬和爱戴，

① 2011年3月21日摘自 http://wenda.tianya.cn/wenda/thread?tid=44cld33185bf3985&hl=EN

② 2011年3月21日摘自 http://zhidao.baidu.com/question/340814.htm

后羿娶了个美丽善良的妻子，名叫嫦娥。后羿除传艺狩猎外，终日和妻子在一起，人们都羡慕这对郎才女貌的恩爱夫妻。

不少志士慕名前来投师学艺，心术不正的蓬蒙也混了进来。一天，后羿到昆仑山访友求道，巧遇由此经过的王母娘娘，便向王母求得一包不死药。据说，服下此药，能即刻升天成仙。然而，后羿舍不得撇下妻子，只好暂时把不死药交给嫦娥珍藏。嫦娥将药藏进梳妆台的百宝匣里，不料被小人蓬蒙看见了，他想偷吃不死药自己成仙。三天后，后羿率众徒外出狩猎，心怀鬼胎的蓬蒙假装生病，留了下来。待后羿率众人走后不久，蓬蒙手持宝剑闯入内宅后院，威逼嫦娥交出不死药。嫦娥知道自己不是蓬蒙的对手，危急之时她当机立断，转身打开百宝匣，拿出不死药一口吞了下去。嫦娥吞下药，身子立刻飘离地面，冲出窗口，向天上飞去。由于嫦娥牵挂着丈夫，便飞落到离人间最近的月亮上成了仙。傍晚，后羿回到家，侍女们哭诉了白天发生的事。后羿既惊又怒，抽剑去杀恶徒，蓬蒙早逃走了，后羿气得捶胸顿足，悲痛欲绝，仰望着夜空呼唤爱妻的名字，这时他惊奇地发现，今天的月亮格外皎洁明亮，而且有个晃动的身影酷似嫦娥。他拼命朝月亮追去，可是他追三步，月亮退三步，他退三步，月亮进三步，无论怎样也追不到跟前。后羿无可奈何，又思念妻子，只好派人到嫦娥喜爱的后花园里，摆上香案，放上她平时最爱吃的蜜食鲜果，遥祭在月宫里眷恋着自己的嫦娥。百姓们闻知嫦娥奔月成仙的消息后，纷纷在月下摆设香案，向善良的嫦娥祈求吉祥平安。从此，中秋节拜月的风俗就在民间传开了。

【古诗】[①]

《水调歌头》

（宋）苏东坡

丙辰中秋，欢饮达旦。大醉，作此篇，兼怀子由。

明月几时有？把酒问青天。
不知天上宫阙，今夕是何年？
我欲乘风归去，又恐琼楼玉宇，高处不胜寒！
起舞弄清影，何似在人间？
转朱阁，低绮户，照无眠。
不应有恨，何事长向别时圆？
人有悲欢离合，月有阴晴圆缺，此事古难全。
但愿人长久，千里共婵娟。

（吴蕾蕾/文）

---

① 2011年4月2日摘自 http://baike.baidu.com/view/1157746.htm

我和爷爷奶奶去登高

一、活动背景

农历九月初九是重阳节，重阳节又叫“老人节”，尊老、敬老是中华民族的传统美德，结合重阳节开展关于“尊老、敬老”的主题活动有着重要的教育意义。

此活动为期一周，前期各班开展有关重阳节的节日教育活动，涉及语言、社会、美术、音乐、数学等领域。重阳节当天则结合秋游的远足活动，分小、中、大班三个年龄段进行。小班考虑到孩子年龄较小，不能走远路，所以就近利用军区大院特有的自然环境，让孩子们和老人在军区大院的草坪上开展活动。中班安排在离幼儿园很近的白马公园进行，孩子与爷爷奶奶徒步至公园后再组织活动。大班孩子则是开展登高活动，与爷爷奶奶一起登上幼儿园旁边的紫金山山顶，进行有关重阳节的活动。孩子们通过与自己的爷爷奶奶一起远足、赏菊、插茱萸、品尝重阳糕、联欢等活动，用自己的方式表达对爷爷、奶奶的关心和爱护，也培养了其尊老、敬老的良好品质。

通过这些活动，可以帮助幼儿丰富以下经验：① 初步明白农历九月初九是我国的重阳节，又叫“老人节”。② 爷爷、奶奶非常关心小朋友，我们也应该尊敬爷爷、奶奶。③ 每个小朋友对爷爷、奶奶表达爱意的方式是不同的，我们可以为爷爷、奶奶做一些力所能及的事。④ 重阳节有许多美妙的传说、故事和诗词，我们可以了解和学习。

二、活动组织

（一）各年龄段主题活动目标

小班

1. 知道重阳节是爷爷、奶奶等老人的节日，体验他们对自己的爱，激发幼儿尊敬老人的情感。

2. 在与爷爷、奶奶一起游戏、活动的过程中，感受相互关爱的温暖和快乐。

中班

1. 知道重阳节是我国的传统节日，是老人的节日，初步了解重阳节的风俗习惯。

2. 乐意参与重阳节的相关活动，尝试用自己的方式表达对老人们的关心和节日的祝贺。

3. 了解爷爷、奶奶对自己的爱，激发关爱老人的情感。

大班

1. 通过调查、交流等活动，了解重阳节的来历和一些风俗习惯。

2. 积极参与敬老活动，大胆运用自己喜欢的方式向老人们表达自己的关爱与尊敬之情。

3. 在访问、对话中感受到老人也需要关心和帮助，进一步激发关爱老人的情感。

（二）活动准备

1. 小班幼儿收集“我和爷爷、奶奶在一起”的照片布置教室；中、大班幼儿收集有关活动的问题、照片、绘画作品等资料布置教室。

2. 中、大班幼儿事先做好调查，和家长一起了解重阳节的来历和风俗习惯。

3. 家长和幼儿共同准备茱萸、重阳糕。

4. 幼儿和爷爷奶奶共同准备节目。小班幼儿事先学会一些与活动相关的儿歌及歌曲，中、大班幼儿则要学会一些古诗。

5. 布置活动场地，营造尊敬老人的浓烈氛围。

6. 录音机、录像机、照相机等设备。

（三）活动案例

★小班音乐活动——找爷爷奶奶

活动目标

1. 熟悉旋律，随音乐邀请同伴和自己的爷爷奶奶共同舞蹈。

2. 感受与祖辈共同活动的快乐，增进与祖辈的感情。

活动准备

1. 音乐磁带。

2. 幼儿已会跳《找朋友》舞。

3. 重阳糕人手 1 份。

活动过程

1. 远足。

小朋友和爷爷奶奶手拉手走到军区大院到草坪，围成圆圈坐好。

2. 介绍重阳节。

师：你们知道今天是什么日子吗？

今天是重阳节，也叫老人节，是爷爷奶奶的节日。

3. 亲子游戏。

（1）幼儿复习歌曲《好宝宝》。

师：今天爷爷奶奶就在我们身边，我们可以怎么做？

（2）教师引导幼儿讨论如何帮助爷爷奶奶。

幼儿学习按节奏为爷爷奶奶做捶背、揉肩等动作。

4. 舞蹈《找朋友》。

（1）先听音乐《找朋友》，邀请同伴跳舞，再根据音乐改编歌词。

师：今天我们的朋友变成了爷爷奶奶，那我们的歌词应该怎么改？

幼儿讨论改编歌词。

(2) 先创编相应的舞蹈动作，再听音乐《找朋友》，邀请爷爷奶奶跳舞。

师：歌词变了，那我们的舞蹈动作可以怎么变？

(3) 师幼共同创编动作。

5. 对爷爷奶奶说一句"爷爷奶奶我爱你"，并给他们一个拥抱和亲吻。

6. 共同品尝重阳糕。

★中班音乐活动——给爷爷奶奶敲敲背、捶捶腿

活动目标

1. 在学会念童谣的基础上，尝试匹配旋律演唱歌曲。

2. 能根据歌曲的内容创编动作进行表演，增进对爷爷、奶奶的情感。

活动准备

1. 幼儿学习童谣《给爷爷奶奶敲敲背、捶捶腿》。

2. 重阳糕人手 1 份。

3. 幼儿表演节目所用的音乐、录音机。

4. 幼儿事先画好一幅画，准备送给爷爷奶奶。

活动过程

1. 活动导入。

师：今天是什么日子？为什么要请爷爷奶奶到幼儿园来呢？

2. 介绍重阳节。

师：每年的九月初九是重阳节，也叫老人节，是爷爷奶奶、外公外婆的节日。在这一天，人们都要插茱萸、赏菊花、吃重阳糕。

3. 学习歌曲《给爷爷奶奶敲敲背、捶捶腿》。

(1) 先回忆童谣的内容。

(2) 欣赏歌曲的旋律，尝试用拍手表现歌曲的节奏。

(3) 学习演唱歌曲。

先自由尝试随歌曲的旋律进行配唱，再欣赏教师演唱歌曲，最后集体学唱歌曲。

(4) 根据歌曲的内容创编动作进行表演。

先根据歌曲内容讨论表演动作，再扮演角色进行表演唱。

4. 表演节目。

幼儿表演节目给爷爷奶奶看。

请爷爷奶奶介绍一些重阳节典故和小故事，并表演节目给小朋友看。

5. 品尝重阳糕。

教师请爷爷奶奶先介绍重阳糕，然后大家共同品尝。

6. 送礼物。

幼儿把事先画好的画送给爷爷奶奶，并对他们说一句："爷爷奶奶我爱你，你们辛苦了！"

★大班亲子活动——我和爷爷奶奶过重阳

活动目标

1. 在和爷爷奶奶一起过节的过程中，初步了解重阳节人们喜欢进行的一些活动。

2. 能积极参与活动，用自己的方式表达对爷爷奶奶的爱和关心。

3. 增进和爷爷奶奶的感情。

活动准备

1. 实物：茱萸、重阳糕。

2. 诗歌《九月九日忆山东兄弟》的录音及图片。

3. 录像：人们在敬老院为老人做事的片段。

4. 白纸、记号笔、油画棒、半成品材料、橡皮泥。

5. 与部分幼儿的爷爷奶奶联系，准备好有关的资料，请所有幼儿的爷爷奶奶来参加本次的活动。

活动过程

1. 欣赏诗歌《九月九日忆山东兄弟》，引出主题。

2. 了解重阳节的来历和风俗（吃重阳糕、登高望远、插茱萸辟邪）。

3. 重阳登高活动。

宣布登高活动开始，交代活动要求：在老师的组织下爬紫金山，并到达各自的预定地点。

到达目的地后，以班级为单位，请幼儿介绍自己的爷爷或奶奶，如姓名、年龄、曾经的职业、有什么特殊的技艺或才能并简单展示。

邀请爷爷奶奶和自己合作表演节目，庆贺节日。

幼儿集体表演节目。

4. 重阳习俗活动。

(1) 赏菊。

(2) 品尝重阳糕，介绍重阳糕的寓意。

(3) 和家长共同插茱萸。

5. 向爷爷奶奶赠送自己制作的小礼物，表达爱意。

6. 幼儿和爷爷奶奶拍集体照留念。

三、主题活动环境创设

年龄段	班级环境
小班	1. 收集“我和爷爷奶奶在一起”的照片布置教室，讲讲、说说“我的爷爷奶奶” 2. 角色区：提供眼镜、拐杖等材料让幼儿学习扮演爷爷、奶奶，进行游戏 3. 美工区：在美工区提供油泥，鼓励幼儿学做重阳糕
中班	1. 布置班级主题环境：① 送给爷爷、奶奶的礼物。② 和爷爷、奶奶说句悄悄话 2. 操作区：在操作区提供多种材料让幼儿为爷爷、奶奶做礼物 3. 游戏区：做游戏“带爷爷奶奶去旅游” 4. 语言区：在语言区提供有关敬老内容的图书，供幼儿阅读、讲述
大班	1. 用活动产生的相关照片、绘画作品等资料布置教室 2. 语言区：在语言区鼓励幼儿大胆交流自己收集的有关重阳节的资料 3. 美工区：在美工区提供各种材料供幼儿画、剪、贴“我的爷爷奶奶” 4. 家长园地：在家长园地贴出通知，请家长配合，鼓励幼儿在家里帮爷爷奶奶做力所能及的事情，培养其关爱老人的情感

四、活动小结

1. 在活动中，让幼儿学会感恩。

平日里，都是老人们来关心孩子，从来也没要求孩子回报。因为他们觉得，长辈关心下一代是天经地义的事情，是无需回报的。但是今天，当孩子们用柔软的小手为他们捶肩、捶背、捶腿，为他们放松身体时；当孩子们用稚嫩的声音问“爷爷，你舒服吗？”“奶奶，你还有哪里不舒服？我来给你捏捏”时，老人们的眼里闪动着泪花！平时被娇宠的小孙子竟然也学会感恩、学会回报了，真是一件让他们感动、欣慰的好事情。

2. 有利于增进孩子与祖辈之间的感情。

孩子们现在都是和爸爸妈妈住在一起，很少与祖辈同住，与爷爷奶奶在一起的时间也很少。通过重阳节的活动，请爷爷奶奶来参加活动，让他们跟着音乐和孩子共同舞蹈，虽然老人们的步伐有些笨拙，动作有些不协调，但是他们和孩子舞动在一起，带给我们的却是浓浓的亲情和深深的爱意。

3. 活动中的一个遗憾。

本来我们以为，重阳糕会像月饼、元宵那样有很多种花样，让孩子们去认识、品尝，但是，家长准备的重阳糕，品种单一、口味单调，不如我们想像的那样丰富。可能随着时间的推移，很多习俗已慢慢被人们所遗忘、淡化，导致这种民间工艺也逐渐消亡，让我们失去了观赏、品尝的好机会，这是本次活动遗憾的地方。

五、教学资料

【重阳节的历史与风俗】[1]

农历九月九日，是传统的重阳节，又称“老人节”。重阳节早在战国时期就已经形成，到了唐代，重阳被正式定为民间的节日，此后历朝历代沿袭至今。大概在魏晋时期，重阳日已有了饮酒、赏菊的做法。到明代，九月重阳，皇宫上下要一起吃花糕以示庆贺，皇帝要亲自到万岁山登高，以畅秋志。

在民俗观念中，九九重阳，因为与“久久”同音，包含有生命长久、健康长寿的寓意。1989 年，我国把每年的农历九月九日定为老人节，倡导全社会树立尊老、敬老、爱老、助老的风气，因此重阳节又多了一层新含意。

重阳节有登高的习俗，金秋九月，天高气爽，这个季节登高远望可达到心旷神怡、健身祛病的目的。和登高相联系的有吃重阳糕的风俗。高和糕谐音，作为节日食品，最早是庆祝秋粮丰收、喜尝新粮的用意，之后民间才有了登高吃糕，取步步高的吉祥之意。

重阳节还有赏菊花的风俗，所以古来又称菊花节。在汉族古俗中，菊花象征长寿。另外，古代还风行九九插茱萸的习俗，所以又叫做茱萸节。

【儿歌】[2]

小板凳，你莫歪

小板凳，你莫歪，我扶爷爷坐下来。
我为爷爷捶捶背，爷爷夸我好乖乖。

奶奶夸我孝顺儿

小板凳，三条腿，我给奶奶嗑瓜子。
奶奶嫌我磕得脏，我给奶奶煮面汤。
奶奶嫌我煮得硬，我给奶奶剥花生。
奶奶嫌我剥得慢，我给奶奶煮米饭。
大米饭，香喷喷，奶奶夸我真孝顺。

（张　玲/文）

---

① 2011 年 4 月 2 日摘自 www. china. com. cn/cn—jieri/chongyang/3. htm
② 2011 年 4 月 2 日摘自 wenku. baidu. com/view/b7193b1a227916888486d7c1. htm

搞怪万圣节

一、活动背景

万圣节是西方人的三大节日之一，俗称西洋鬼节。在这一天，家家户户都会吊起南瓜灯并给孩子们派发糖果，因此万圣节是西方孩子们最爱的节日之一。在中国的幼儿园给孩子们过万圣节，不仅可以满足部分西方儿童的过节愿望，也可以让中国的幼儿了解西方重大节日的传统风俗习惯，感受节日的热烈气氛。

活动前期，各班开展有关万圣节的节日教育活动，孩子们在了解万圣节由来的基础上，学习有关万圣节的歌曲，了解南瓜灯的制作过程并亲自动手制作。在万圣节当天，我们针对不同年龄段的幼儿，设计了不同的万圣节庆祝活动。不同的活动方式，可以帮助幼儿从多个方面去了解万圣节。针对刚入园不久的小班幼儿，我们设计了游园活动，重点让幼儿学习"trick or treat"游戏的玩法，让其在活动中感受与同伴共同游戏的快乐，感受到哥哥姐姐对自己的喜爱，使其体验到幼儿园这个大家庭的美好，从而培养幼儿对幼儿园的喜爱之情。在中班的万圣节狂欢派对中，幼儿充分发挥了自己的想像，大胆设计自己的造型，并在活动中热情接待了小班的弟弟妹妹。同时，我们又盛情邀请大班的家长和孩子们一起过节。在南瓜灯创意大赛中，幼儿和家长要合作完成南瓜灯的制作，这是一次让家长了解幼儿的好机会，当然，幼儿有了家长的陪伴，肯定会发挥得更加出色。

二、活动组织

（一）各年龄段主题活动目标

小班

1. 知道万圣节是西方国家的重要节日，初步了解万圣节的相关传统活动。
2. 能积极参加"trick or treat"和"咬苹果"的游戏活动。
3. 在与老师、同伴共同游园的过程中，感受万圣节的节日气氛，享受游戏的快乐。

中班

1. 知道万圣节的由来，初步了解万圣节的相关传统活动。
2. 大胆尝试与创作，能用各种物品来装扮自己、表现自己。
3. 在与老师和同伴装扮教室、狂欢及游戏等活动中感受节日的快乐。

大班

1. 与家长一起收集并整理有关南瓜灯的资料，在活动中了解万圣节的来历及节日象征物——南瓜灯。
2. 能与家长共同合作、大胆创作自己的南瓜灯。

3. 在热闹的比赛中，体验合作游戏的快乐。

（二）活动准备

1. 幼儿了解万圣节的由来、象征物及相应的传统活动。

2. 为迎接万圣节的到来，教师对教室进行了布置。

3. 万圣节必需物品若干，如面具、扫把、南瓜灯、苹果、糖果等（其中南瓜、蜡烛、刻刀、盘子、小篓子的数量均与幼儿人数相等）以及万圣节歌曲。

（三）活动案例

★小班音乐活动——游园

活动目标

1. 知道万圣节的传统活动。

2. 能熟练地玩“trick or treat”的游戏。

3. 与老师、同伴一起感受万圣节的热烈气氛。

活动准备

教师对教室进行相应的布置，小篓子人手 1 个。

活动过程

1. 出示万圣节相关图片，引起幼儿兴趣。

师：这些有趣的图片都是和外国的一个节日有关，你们知道是什么节日吗？

师：万圣节可是西方国家的一个重大节日哦，你们知道他们在这个节日里，都做些什么吗？我们来看看图片上说了些什么？

2. 幼儿学习“trick or treat”和“咬苹果”的游戏活动的玩法。

（1）引导幼儿欣赏游戏活动的图片，使其初步建立游戏经验。

师：图片里的人在做什么啊？谁来学一学？

（2）幼儿学习“trick or treat”游戏的玩法。

教师示范游戏的玩法，并请个别幼儿尝试。

教师引导幼儿边做敲门的动作，边说“trick or treat”，不给糖就捣乱。

最后，师幼共同玩游戏“trick or treat”。

3. 幼儿学习咬苹果游戏。

（1）教师示范游戏的玩法，并请个别幼儿尝试。

教师讲解规则：用嘴去咬浮在水面上的苹果，谁先咬到，谁就是胜利者。

（2）幼儿分组玩咬苹果游戏。

4. 万圣节游园活动。

幼儿去各班玩“trick or treat”游戏，进一步体验节日的乐趣。

★中班——万圣节狂欢派对

活动目标

1. 学习有关万圣节的传统歌曲。

2. 在万圣节活动中大胆装扮自己。

3. 享受与同伴共同游戏的快乐。

活动准备

1. 幼儿了解万圣节的由来及相应的传统活动。

2. 教师对教室进行相应的布置:万圣节必需物品若干,如面具、扫把、南瓜灯以及万圣节歌曲。

活动过程

1. 教师装扮成巫婆的样子出现,激发幼儿的兴趣。

师:你们知道我是谁吗?巫婆在什么节日会出现呢?万圣节是怎么来的呢?

师幼共同欣赏有关万圣节的视频,感知节日气氛。

2. 幼儿学习派对的组织与策划。

(1) 幼儿欣赏万圣节派对的视频。

师:我们来看看西方国家的人是怎么举行万圣节派对的。

(2) 师幼讨论派对的组织与策划。

师:西方国家的人过万圣节时,总是会举行一个派对。今天我们就要举行一个万圣节派对,那我们需要做什么呢?

教师总结:先装扮教室,然后选择饰品装扮自己,最后唱歌跳舞。

3. 万圣节派对。

师幼共同装扮教室,打造节日气氛。(播放背景音乐 This is the Halloween)

幼儿自由选择饰品装扮自己。

师幼共同唱歌跳舞,感受节日的气氛。

面具大比拼

★大班亲子活动——南瓜灯创意大赛

活动目标

1. 和家长一起大胆创作南瓜灯。

2. 感受万圣节的气氛，体验合作游戏的快乐。

活动准备

1. 幼儿了解万圣节的由来及相应的传统活动。

2. 教师对教室进行相应的布置：南瓜、蜡烛、刻刀的数量均与幼儿人数相等，盘子6个，背景音乐。

活动过程

1. 教师出示实物南瓜灯，引起幼儿兴趣。

师：这个就是用真的南瓜做成的南瓜灯，谁来说说要想做南瓜灯，应先怎么样，然后怎么样，最后怎么样呢？

2. 学习制作南瓜灯。

(1) 请家长示范南瓜灯的制作过程。

(2) 教师强调制作南瓜灯的步骤与难点。

师：首先要想好南瓜灯的外形，并画下来；接着将南瓜的顶部切去一块，掏空瓜瓤；然后在南瓜上刻出脸的轮廓并用雕刻刀将刻出的部分全部镂空；最后在瓜里放入蜡烛。

(3) 南瓜灯创意大赛。

教师交代比赛规则并做赛前动员。

家长和幼儿领材料并开始比赛。

评委督查并确定前三名的获得者。

3. 颁奖。

南瓜灯出炉

三、主题活动环境创设

年龄段	班级环境
小班	1. 师幼共同布置教室吊饰：南瓜（幼儿涂色）、糖果（教师制作） 2. 展示区：在展示区布置幼儿自带的南瓜灯 3. 主题墙饰：在主题墙内展示家长带来的万圣节图片
中班	1. 主题墙饰：师幼共同创设万圣节面具，装饰后置于主题墙内 2. 将幼儿自带的南瓜灯悬挂于教室内，做吊饰 3. 美工区：在美工区提供画有南瓜的底板，幼儿设计各种造型的南瓜面具
大班	1. 主题墙饰：将幼儿绘画的南瓜装饰后置于主题墙内 2. 将幼儿自带的面具悬挂于教室内，做吊饰 3. 美工区：提供南瓜、刻刀子，并将制作南瓜面具的程序以照片的形式张贴在区角内，供幼儿自行设计

注：园内大环境。在幼儿园大厅内悬挂南瓜灯。

四、活动小结

万圣节虽然是西方的节日，但其特有的节日文化十分适合小孩子，而且我园也有不少来自西方国家的幼儿。南瓜灯可以说是万圣节的标志，因此过万圣节制作南瓜灯就必不可少了。考虑到制作南瓜灯有一定的安全隐患，因此我们选择在大班进行并邀请家长一起参加。

1. 做中玩、做中学。

在南瓜灯制作活动之前，幼儿对万圣节的相关知识已经有了一定的了解，我也针对活动收集了大量的资料，特别是南瓜灯制作方面的资料。巧合的是在通知家长参加这个活动的时候，有一位从事艺术工作的幼儿家长表示他以前做过南瓜灯，表示他可以教小朋友们，这样这位家长就成为了活动的特邀嘉宾。在家长、老师教小朋友们南瓜灯制作过程的时候，教师主要负责提醒幼儿相关注意事项，尤其是要注意安全。小朋友们都很认真地听家长老师讲解演示，个个抱着自己面前的南瓜跃跃欲试，在做中玩、做中学，在实践中提高了动手能力。

2. 竞争与合作。

南瓜灯制作比赛是整个活动的高潮。小朋友们在家长的帮助下自己动手制作南瓜灯，一边和爸爸妈妈商量制作什么样子的南瓜灯才能拔得头筹，一边还要不停地看其他小伙伴是怎么制作的。在竞争中与家长合作，在合作中与小伙伴们竞争，将整个活动的氛围推上了最高点。在比赛结束后，我将所有小朋友制作的南瓜灯都整齐地放好，让小朋友们和家长依次参观，跳动的烛光中闪耀着幼儿一张张快乐而骄傲的笑脸。

五、教学材料

【万圣节的历史与风俗】①

在西方，万圣节(Halloween)是仅次于圣诞节和感恩节的第三大节日，又叫西洋鬼节。万圣节在每年的10月31日，主要流行于北美、不列颠群岛、大洋洲等。随着国际沟通的深入，万圣节在中国年轻人之间也非常流行，很多中国的学校也会选择给学生过万圣节。

话说古时候，如果有旱灾或是其他重大的灾难，西方国家的人们便会带上丑陋的面具，因为他们相信厄运是由恶灵带来的，而恶灵会被丑陋的面具吓走！古时候的欧洲人，在10月31日来临之前便会储存足够的粮食过冬，并且把家里弄得很温暖舒适，而因为害怕还在外面游走的恶灵，如果有人晚上必须出门，便会戴上面具，希望恶灵认不出他们来！

1. 南瓜灯(又称杰克灯)

南瓜是万圣节的代表。一些扮鬼脸穿鬼服的孩子们会在当晚提着用南瓜制成的灯笼，南瓜上刻有眯眼睛和大嘴巴，透出内里点点烛光，和我们在中秋节时自制的柚子灯笼很相似。

南瓜是橘黄色的，所以橘黄色也成了传统的万圣节颜色。用南瓜雕制南瓜灯也是一个万圣节传统，其历史也可追溯到爱尔兰。传说有一个名叫杰克的人非常吝啬，因而死后不能进入天堂，而且因为他取笑魔鬼也不能进入地狱，所以他只能提着灯笼四处游荡，直到审判日那天。于是，杰克和南瓜灯便成了被诅咒的游魂的象征。人们为了在万圣节前夜吓走这些游魂，便用马铃薯等雕刻成可怕的面孔来代表提着灯笼的杰克，这就是南瓜灯的由来。爱尔兰人迁到美国后，便开始用南瓜来进行雕刻，因为在美国秋天的时候南瓜比别的东西更充足。现在，如果在万圣节的晚上人们在窗户上挂上南瓜灯，就表明那些穿着万圣节服装的人可以来敲门捣鬼要糖果。在南瓜灯里，人们往往会将蜡烛或是一些糖果放进去。

2. 不给糖就捣乱(Trick or treat)

万圣夜的主要活动是“不给糖就捣乱”(Trick or Treat)。小孩装扮成各种恐怖样子，逐门逐户按响邻居的门铃，大叫：“Trick or Treat!”(意即不给糖就捣乱)，主人家(可能同样穿着恐怖服装)便会拿出一些糖果、巧克力或是小礼物。部分家庭甚至使用声音特效和制烟机器营造恐怖气氛。小孩一晚取得的糖果往往以袋计算，整袋整袋的搬回家。

“Trick or Treat”游戏起源于爱尔兰。古代的爱尔兰异教徒相信，在万圣节前夜鬼魂会群集于居家附近，并接受设宴款待。因而，在“宴会”结束后，村民们就自己扮成鬼

① 2011年3月21日摘自 http://baike.baidu.com/view/1630327.htm? fr=ala0_1_1

魂精灵，游走村外，引导鬼魂离开，辟邪免灾。同时村民们也都会在屋前院后的摆放些水果及其他食品，喂足鬼魂，使它们不会伤害人类和动物或者掠夺其他收成。后来这一习俗一直延续下来，就成了孩子们取笑不慷慨之商家或家庭的“Trick or Treat”游戏。

在苏格兰，小孩要糖果时会说：“The sky is blue, the grass is green, may we have our Halloween.”(天是蓝色，草是绿色，齐来庆祝万圣节前夜)，然后以唱歌跳舞等表演来博得糖果。

而往往当小孩在玩“Trick or Treat”游戏的时候，青少年会去参加各种各样的派对，例如化装舞会等。人们会在化装舞会尽情地装扮自己，尽量让朋友认不出自己。

(姜　萍/文)

狂欢圣诞节

一、活动背景

圣诞节是西方最大的一个节日，类似于中国的新年。它的重要程度，当然不言而喻。在幼儿园，结合圣诞节开展主题活动有着重要的节日教育意义。

活动前期，孩子们和教师一起装扮教室、制作圣诞卡、学唱圣诞歌曲，让孩子们尽情感受节日的气氛。小班的《圣诞树》活动着重于让幼儿从颜色、形状等方面去认识圣诞装饰物，锻炼幼儿的语言能力。中班的美术活动《圣诞袜》让幼儿在欣赏各种圣诞袜的基础上，大胆地创造自己的圣诞袜。大班的《圣诞节面具》锻炼了幼儿的动手能力，同时让幼儿享受到了和同伴一起游戏的快乐。圣诞节当天的全园圣诞节狂欢活动将节日气氛推向高潮。教师装扮的圣诞老人给了全体幼儿一个很大的惊喜，不仅让幼儿真真切切地感受到了圣诞的气氛，还将教师和幼儿之间的距离拉得更近。

二、活动组织

（一）各年龄段主题活动目标

小班

1. 知道圣诞节是西方国家重要的节日，初步了解圣诞节的代表事物(圣诞老人、圣诞树、火鸡等)。

2. 认识圣诞树的各种装饰物，学说一句甜甜的话："圣诞树，我送你一个××颜色、××形状的××的礼物。"

3. 在与老师、同伴一起过节的过程中，深刻感受节日的气氛，享受与同伴互换礼物的快乐。

中班

1. 通过欣赏音乐《铃儿响叮当》，初步了解圣诞节的由来。

2. 尝试用排序的方法装扮圣诞袜，并能运用不同的材料进行表现。

3. 在活动中体验圣诞老人与圣诞袜的神秘，能与同伴合作游戏。

大班

1. 在与同伴交流和分享自己收集资料的过程中，了解圣诞节的由来及圣诞袜在圣诞节中的重要作用。

2. 学习利用多种材料制作面具，在面具上确定眼睛的方位并挖空。

3. 在活动中体验和朋友交流分享的快乐。

（二）活动准备

1. 幼儿了解圣诞节的由来及相应的传统活动。

2. 教师对教室进行圣诞节的相应环境布置。

3. 未装饰的圣诞树1棵。礼物若干，各种装饰物如彩带、小球等。各色彩纸、毛根、胶水、双面胶、鸡毛、蜡笔、剪刀、抹布、一次性饭盒。圣诞袜纸样人手1份，棉花、赤豆、黄豆、橡皮泥(红、黄、绿)及雪花片(各种颜色)、盒子、双面胶、记号笔、银笔和糖果。

(三) 活动案例

★小班美术活动——圣诞树

活动目标

1. 喜欢参与装饰圣诞树。

2. 在玩乐中体验过圣诞节的快乐。

活动准备

1. 未装饰的圣诞树1棵。

2. 礼物若干，各种装饰物如彩带、小球等。

活动过程

1. 出示未装饰的圣诞树，引起幼儿兴趣。

师：这是什么树啊？什么节日我们需要圣诞树啊？

2. 出示圣诞节相关图片，教师简单介绍圣诞节。

师：圣诞节是西方国家非常重要的节日，就像我们中国人过新年一样。圣诞老人是最受孩子们欢迎的人。到了晚上，西方人会吃火鸡，还要在圣诞树下唱歌、跳舞，互换礼物哦。

3. 幼儿认识圣诞树装饰物(包括名称、颜色和形状)。

(1) 教师出示各种圣诞装饰物，幼儿自由讨论。

师：这棵圣诞树上什么都没有，我们来想想办法，可以给它挂上什么呢？

师：这么多漂亮的东西都是什么呀？

(2) 幼儿认识装饰物(包括名称、颜色及形状)。

教师重点从颜色和形状两方面帮助幼儿认识装饰物。

4. 幼儿装扮圣诞树，学说甜甜的话。

(1) 幼儿学说甜甜的话。

师：现在我们一起来装饰这棵圣诞树，记得要一边挂饰品，一边说一句甜甜的话"圣诞树，我给你挂一个××颜色、××形状的××。"

教师示范边挂饰品边说甜甜的话，并请个别幼儿尝试。

(2) 幼儿选择自己喜欢的装饰物，装扮圣诞树。

教师个别指导，并鼓励幼儿边挂边说甜甜的话，巩固对装饰物颜色和形状的认识。

5. 同伴间互换礼物。

(1) 幼儿介绍自己的礼物。

(2) 同伴间互换礼物。

6. 圣诞舞会。

师：现在我们都拿到了礼物，那我们就在圣诞树下高兴地跳起来吧！

在《铃儿响叮当》的歌声中，师幼共同快乐舞蹈。

★中班美术活动——圣诞袜

活动目标

1. 尝试用排序的方法装扮圣诞袜，运用不同的材料进行表现。

2. 体验圣诞节的快乐气氛。

活动准备

圣诞袜纸样人手1份，棉花、赤豆、黄豆、橡皮泥（红、黄、绿）及雪花片（各种颜色）、盒子、双面胶、记号笔、银笔和糖果。

活动过程

1. 出示圣诞袜，引起幼儿兴趣。

师：袜子是用来干什么的？圣诞袜又是用来干什么的？（教师引导幼儿同伴间自由讨论）

教师出示各种式样的圣诞袜，并简单介绍圣诞袜的故事。

2. 幼儿学习设计圣诞袜。

（1）幼儿观察比较各种圣诞袜。

师：这么多的圣诞袜，你喜欢哪个呢？为什么？你觉得它是怎么做出来的？

（2）教师示范圣诞袜制作的步骤。

（3）幼儿设计圣诞袜。（幼儿自由创作，教师从旁指导。）

3. 幼儿作品交流与欣赏。

个别幼儿介绍自己的作品。

教师将幼儿作品制作成展板。

★大班美术活动——圣诞节面具

活动目标

1. 知道圣诞节的由来。

2. 尝试用撕、剪、贴、画等方法制作面具。

3. 体验和朋友交流的快乐。

活动准备

1. 记号笔、水彩笔、蜡笔、剪刀人手1份。

2. 各色彩纸、毛根若干。

3. 面具模子人手1份。

活动过程

1. 欣赏圣诞节图片，引起幼儿兴趣。

（1）师：我们的教室布置得这么漂亮，为什么啊？圣诞节是个什么节日？

幼儿相互讨论、介绍。

(2) 幼儿欣赏图片，教师介绍圣诞节的由来。

师：圣诞节可是西方国家很重要的节日。在这一天，他们会装扮圣诞树、互送圣诞卡片、吃火鸡，还要开圣诞节派对呢！

2. 幼儿认识圣诞节面具。

(1) 教师通过提问引出面具的出现。

师：在圣诞节派对上，人们会怎么装扮自己呢？

(2) 教师出示自制面具和成品面具，幼儿欣赏并交流。

师：谁来说一说这两个面具有什么不同？它们都是什么做成的？

3. 幼儿制作面具。

(1) 教师示范面具的制作过程。

先用画笔勾画出五官轮廓，再用小刀挖出五官（注意使用小刀的安全），然后用不同的材料（鸡毛、彩纸、毛根等）装扮面具，最后将绳子穿入面具两边的洞内并系紧。

(2) 幼儿自主选择材料制作面具，教师从旁指导。

(3) 幼儿自戴面具，相互欣赏。

4. 圣诞狂欢秀

幼儿头戴面具，邀请同伴跳圆圈舞。

集体合影留念。

（四）活动流程

1. 活动时间：12 月 24 日。

2. 活动地点：幼儿园操场或大礼堂。

3. 参加人员：全园幼儿及教职工。

4. 活动准备：

主持稿；音乐：平安夜、红鼻子鹿、铃儿响叮当、兔子舞；圣诞老人（每班出一名老师扮演）；礼物（人手一份）。

横幅、圣诞树两棵、彩色拉花若干。

5. 活动过程：

(1) 主持人出场。（播放音乐《平安夜》）

主持人：小朋友，这首歌好听吗？那你们知不知道这首歌叫什么名字啊？

(2) 全体幼儿学说“圣诞快乐！Merry Christmas！”

(3) 圣诞老人送礼物。

主持人：圣诞节是西方国家一年当中最盛大的节日。就跟我们过春节一样。圣诞节，你们最想看到的人是谁啊？那他们今天会不会来呢？我们一起倒数一二三，好不好？一、二、三，你们看谁来啦？（播放《红鼻子鹿》）圣诞老人从各处出现。

主持人：圣诞老人，今天给我们带来了很多礼物，你们想不想要啊？好，现在圣诞老人就要给你们发礼物了哦，你们记得一定要说一句："Merry Christmas!"

圣诞老人发礼物（播放《铃儿响叮当》）。

（4）集体跳舞。

主持人：孩子们，我们又看到了圣诞老人，还拿到礼物，你们开不开心啊？那我们就和圣诞老人跳个舞吧！（播放《兔子舞》）

主持人上场

圣诞老人神秘登场

圣诞老人发礼物

兔子舞

三、主题活动环境创设

年龄段	班级环境
小班	1. 主题墙饰：将家长准备的圣诞节图片张贴于主题墙内 2. 活动角：师幼共同装饰班级的圣诞树
中班	1. 师幼共同布置教室环境 2. 主题墙饰：将幼儿绘画的圣诞袜装饰后放入主题墙内 3. 美工区：美工区提供画有袜子的底板，幼儿自行设计袜子图案
大班	1. 将幼儿绘画的圣诞树装饰后悬挂在教室内 2. 展示区：设置幼儿自制的圣诞卡展示区 3. 主题墙饰：将幼儿共同绘制的圣诞老人置入主题墙内

注：园内环境。① 在幼儿园大厅内放置一圣诞树与圣诞老人，增添节日气氛。② 在幼儿园操场内拉节日横幅，并放置两棵装饰好的圣诞树。③ 幼儿园为每位幼儿准备一份礼物。

四、活动小结

1. 让幼儿在情境中学习

因为圣诞节对幼儿来说比较熟悉，所以我们并没有专门介绍圣诞节的有关情况，而是通过直接的情境布置来将我们要教给幼儿的知识展示出来。幼儿一进入布置好的教室都兴奋得叽叽喳喳讨论起来，教师只是负责在幼儿理解有误或幼儿没有注意到某一必备知识的时候提醒幼儿。小朋友们都是通过自己的观察以及与同伴的交流中学到相关知识。

2. 通过制作活动，提高幼儿动手能力

在制作面具时，教师先进行示范教学，强调每个步骤的注意点以及相关安全问题。幼儿都十分感兴趣，都能认真地听、认真地看，在他们动手制作的时候都十分小心，很怕把自己的面具弄坏了。媛媛一不小心将面具画花了，伤心得大哭起来，老师和媛媛一起想办法用白色的颜料将花的地方遮盖住，媛媛才破涕为笑。幼儿在简单的贴贴剪剪中既能提高动手操作的能力，又能锻炼身体的协调能力。

3. 在交流合作中，树立幼儿的自信

面具制作完成后，教师请小朋友们和小伙伴交换面具相互欣赏，孩子们都骄傲地向同伴们介绍自己的面具，这也是锻炼幼儿语言表达能力、增加同伴交往的良好契机。最后，我们的小制作师们戴上自己的面具和小伙伴们一起跳舞，这是幼儿展现自我的舞台，活动也在幼儿阵阵的欢声笑语中落下了帷幕。

五、教学资料

【圣诞节的历史】①

圣诞节，每年12月25日，是教会年历的一个传统节日，它是基督徒庆祝耶稣基督诞生的庆祝日。据说：第一个圣诞节是在公元138年，由罗马主教圣克里门提倡举行。而教会史载第一个圣诞节则在公元336年。由于圣经未明记耶稣生于何时，故各地圣诞节日期各异。直到公元440年，才由罗马教廷把12月25日定为圣诞节，从此世界大多数的基督教徒均以12月25日为圣诞节。19世纪，随着圣诞卡的流行、圣诞老人的出现，圣诞节才开始流行起来。

西方人以红、绿、白三色为圣诞色，圣诞节来临时家家户户都要用圣诞色来装饰。红色的有圣诞花和圣诞蜡烛。绿色的是圣诞树，它是圣诞节的主要装饰品，用砍伐来的杉、柏一类呈塔形的常青树装饰而成。上面悬挂着五颜六色的彩灯、礼物和纸花，还点燃着圣诞蜡烛。红色与白色相映成趣的是圣诞老人，他是圣诞节活动中最受欢迎的人物。西方儿童在圣诞夜临睡之前，要在壁炉前或枕头旁放上一只袜子，等候圣诞老

① 2011年3月21日摘自 http://baike.baidu.com/view/2547.htm#2

人在他们入睡后把礼物放在袜子内。在西方，扮演圣诞老人也是一种习俗。圣诞卡、圣诞袜和圣诞帽都是圣诞节的必需品。

1. 圣诞卡

圣诞卡在美国和欧洲很流行，也是维持远方亲朋好友关系的方式之一。许多家庭随贺卡附上年度家庭合照或家庭新闻。

2. 圣诞袜

很早以前是一对红色的袜子，大小不拘。因为圣诞袜是要用来装礼物的，所以是小朋友最喜欢的东西，晚上他们会将自己的袜子挂在床边，等待第二天早上收礼。

3. 圣诞帽

那是一顶红色帽子，据说晚上戴上睡觉除了睡得安稳和有点暖和外，第二天你还会发现在帽子里多了点心爱的人送的礼物。在狂欢夜，它更是全场的主角，无论你到哪个角落，都会看到各式各样的圣诞帽。

（姜　萍/文）

快乐元旦，辞旧迎新

一、活动背景

元旦也被称为“新历年”，一月一日是新年的开始。在元旦开展此活动，让幼儿感受新年快乐的氛围，而且对其成长也有着重要的意义。

此活动为期一周，元旦前一周各班级开展语言、音乐、美术、社会、数学等领域的有关元旦的教育活动，使幼儿在丰富的活动中知道新年到了，自己长大一岁了，并感受元旦丰富的文化和习俗。元旦当天，幼儿园开展“快乐元旦，辞旧迎新”活动，全园幼儿和家长共同参与。活动共分为四大主题“民俗一条街”、“宝贝秀广场”、“亲子游戏”和“新年心愿树”。

通过丰富多彩、寓教于乐的系列活动，引导孩子乐意与同伴一起参加表演活动和游戏活动，体验与家长一起迎新年的快乐。在了解传统节日“元旦”的同时，也让孩子度过一个极具特色和意义的节日。

二、活动组织

(一) 各年龄段主题活动目标

小班

1. 能与家长一起动手动脑，在亲子游戏中感受新年活动的快乐。
2. 愿意参加集体活动，能做力所能及的事，乐意与同伴分享自己的节日礼物。

中班

1. 对民间手工活动有兴趣，在观察、表达、交流中感受中国民间艺术的丰富和优美。
2. 在自主探究、交流合作中学习，充分发挥想像力和创造力。
3. 乐于参与表演活动，在美的熏陶中体验成功。

大班

1. 幼儿自主选择剪贴、撕贴、印画、油画棒画、水粉画等多种技法，自己设计图案和花纹来设计心愿卡。
2. 通过新年心愿树表达自己的心愿。
3. 体验与亲人、朋友迎接新年、相互祝福的快乐。

(二) 活动准备

1. 张贴海报，邀请家长来园参加活动。
2. 组织家长与幼儿自制各式灯笼，开展自制灯笼评比活动。
3. 展出能反映幼儿不断丰富元旦体验的资料和照片。
4. 准备各主题活动区域的材料。

（三）活动案例

★小班亲子活动——快快乐乐过元旦

活动目标

1. 初步了解一月一日是元旦，知道新年到了，自己长大一岁了。

2. 学说一些简单的祝福话语。

3. 能与爸爸妈妈共同活动，体验亲子游戏的快乐。

活动准备

1. 教师和幼儿共同布置好新年的环境。（幼儿用彩色皱纹纸穿成圆环，并做简单的新年挂饰及一些气球来装扮教室）

2. 准备表演的节目和音乐。

活动过程

1. 了解元旦，体验节日的热闹与快乐。

师：一月一日是什么日子？

师：元旦到了，你看到街上、幼儿园和我们的班级都有些什么变化？（教师鼓励、引导幼儿大胆讲述）

小结：元旦表示新的一年到了。人们都很高兴，他们要拉起彩旗，挂起红灯笼，人们之间还互相送礼物、送祝福，举行各种活动来庆祝新年的到来。

2. 送礼物、送祝福。

(1) 幼儿和爸爸妈妈共唱歌曲《新年好》。

(2) 幼儿互送礼物。

师：爸爸妈妈和小朋友都准备了礼物，请把礼物送给你想送的人，可以是爸爸、妈妈、老师或者你的好朋友。

(3) 幼儿互送祝福。

师：送礼物时要向别人说一句祝福的话，收到别人的礼物要说“谢谢”。

教师引导幼儿学说“祝你在新的一年里身体健康，笑口常开，学习进步，工作顺利，万事如意”等祝福的话。

3. 亲子快乐时光

(1) 幼儿为爸爸妈妈表演节目。

(2) 亲子游戏

4. 幼儿与爸爸妈妈共同领取元旦游戏奖品。

★中班美术活动——红灯笼

活动目标

1. 知道悬挂灯笼是过新年的习俗。

2. 体验自制灯笼活动的快乐。

活动准备

1. 新年图片、实物灯笼。

2. 彩色纸条、胶水、擦手巾、胶水碟、篮子。

3. 录音机1部、磁带1盘。

活动过程

1. 谜语导入，引起孩子兴趣。

师：小朋友们，今天老师要给你们猜一个谜语，看哪一个小朋友能猜出来。

此物大而轻，肚内火烧心。（灯笼）

师：过新年了，这是个喜庆的日子，人们会挂红灯笼来庆祝这个日子。

2. 制作红灯笼。

(1) 幼儿观察灯笼。

师：新年来了，老师自己做了一个灯笼，现在我把它挂起来。看一看灯笼是什么样的？什么颜色？

教师引导幼儿观察、讨论灯笼的外观。

(2) 教师介绍操作材料。

(3) 教师讲解、示范操作过程。

(4) 幼儿操作，教师指导。

教师个别指导有困难的幼儿，并鼓励幼儿大胆选择漂亮的彩色纸条，自己独立制作。

4. 装扮教室。

播放欢快的乐曲，教师帮助幼儿将做好的灯笼挂起来，让幼儿相互观赏，体验过节的愉快心情。

★大班美术活动——新年心愿树

活动目标

1. 能大胆想像表达自己的新年心愿。

2. 学会用简洁的线条、鲜明的色彩制作心愿卡片。

3. 体验即将长大一岁的快乐。

活动准备

1. 一棵塑料树、《新年好》音乐磁带、录音机。

2. 幼儿作画工具、剪刀、胶水。

活动过程

1. 聆听新年钟声，引出主题。

师：你听到了什么声音？（新年的钟声）

师：在钟声响起的时候，我们可以许下新年的心愿，你最大的心愿是什么呢？

引导幼儿相互讨论、交流自己的新年心愿。

2. 种植“心愿树”，表达自己的新年心愿。

教师引导幼儿画出事物的主要特征，能清楚表达自己的心愿。

3. 分享自己的心愿。

(1) 个别幼儿在集体前介绍自己的心愿卡。

(2) 幼儿相互分享心愿。

师:每个人都有心愿,还没有说过心愿的小朋友。请闭上眼睛,在心里悄悄地许愿。

4. 欣赏心愿树,集体在心愿树下歌唱《新年好》。

(四) 活动流程

1. 张灯结彩,布置活动环境,营造新年来临的喜庆气氛。

2. 燃放礼花,敲锣打鼓,迎接家长幼儿入园。

3. 伴随音乐,由家长带着孩子到各主题活动会场参加活动。

4. 各主题活动内容如下。

主题	现场布置	项目内容	游戏规则
民俗一条街	以红色为主调,同时挂上红色的灯笼和中国结,并且用红色的纸张做成灯谜和谜语之类的传统小游戏挂在灯笼上,并进行猜谜游戏	邀请民间艺人为我们展示民俗工艺(灯笼、剪纸、葫芦丝、唐卡、中国结、风筝、麦秆画等)	幼儿可观看艺人表演,也可与爸爸妈妈一起动手尝试制作灯笼、剪纸、中国结、风筝、麦秆画等
宝贝秀广场	1. 选取活动中心音乐广场搭建表演秀舞台和T台 2. 所需物品为桌椅、音响、话筒、电源等	1. 由天鹅班表演"飞翔吧小天鹅"舞蹈 2. 邀请舞蹈兴趣班小朋友们为我们上演一场时尚模特时装秀 3. 邀请各班幼儿表演一个歌舞节目 4. 小朋友可以现场报名进行才艺表演	我们将免费为参与者化妆、拍照留念,同时邀请专业评委和观众评委选出最佳才艺表演者进行奖励,并获得活动中心提供的小礼品一份
亲子游戏	以各班为单位,要力求美化自己班的教室,以迎接新年的到来。各班要规划好活动程序,要有相应的工作人员,为孩子、家长提供最好的活动氛围	我为爸妈剥橘子	每名幼儿到篮子里拿一个橘子,自己动手剥橘子给爸爸妈妈吃
		运皮球	家长与宝宝一起面对面,宝宝站在家长脚上,将皮球放在两人中间运到终点的大筐里
		勺子搬豆子	宝宝用勺子舀花生,运到父母那儿,点数运了几粒花生
		赶小猪	宝宝和妈妈手拿小棒,将地上的彩球赶到门洞处(小猪的家)
		救小动物回家	幼儿双脚跳呼啦圈,到终点拿取一只小动物,原路返回并将它送回家
		吹气球比赛	家长吹气球,看谁吹得快
		宝宝碰碰球	家长手拿气球,高度随时调节,让宝宝伸手跳起来拍球

续 表

主题	现场布置	项目内容	游戏规则
新年心愿树	1. 提供新年心愿树若干棵(可用塑料圣诞树) 2. 做心愿卡用的彩色卡纸、各色彩笔、记号笔、蜡笔	1. 亲子共同制作新年心愿卡,写下新年心愿 2. 悬挂心愿卡,向心愿树祈福	鼓励孩子用绘画的形式自己制作心愿卡,能勇敢地向父母、亲人、好朋友表达自己的新年祝福

5. 每参加一项活动将得到一枚印章,积满 10 枚印章到礼品处换取一件新年小礼物。

三、主题活动环境创设

年龄段	班级环境
小班	1. 师幼共同布置“迎新年展”,悬挂幼儿购买或参与自制的灯笼、彩带和彩灯 2. 主题墙饰:收集幼儿在元旦迎新年中的活动照片,布置主题墙饰 3. 手工区:提供各类彩纸、剪刀、胶带等材料,引导幼儿在游戏中制作彩带和灯笼 4. 家长园地:在家长园地贴出“新年给家长的一封信”,介绍主题活动的构想和需要配合的事项
中班	1. 师幼共同布置“班级新年灯谜会”,以红色为主调,同时挂上红色灯笼和中国结,并且用红色的纸张做成灯谜和谜语之类传统小游戏挂在灯笼上 2. 主题墙饰:世界各国的新年风俗调查资料 3. 操作区:提供红绳子、剪刀等材料,供幼儿与家长共同制作简单的中国结 4. 表演区:选取“宝贝秀广场”搭建表演秀舞台和 T 台,提供音乐磁带、各种服装、灯笼等材料,引导幼儿表演“新年好”、“闹新春”等节目 5. 家长园地:贴出“新年给家长的一封信”,介绍主题活动的构想和需要配合的事项
大班	1. 师幼共同布置“新年心愿树” 2. 主题墙饰:围绕“新年的由来”、“新年的风俗”布置关于元旦的来历、传说、习俗等内容的调查表及图片、文字资料、幼儿参与活动的照片等 3. 操作区:做心愿卡用的彩色卡纸、彩笔、记号笔、蜡笔,鼓励幼儿用绘画的形式自己制作心愿卡,能勇敢地向父母、亲人、好朋友表达自己的新年祝福 4. 亲子区:亲子共同制作新年心愿卡,写下新年心愿,悬挂心愿卡,向心愿树祈福 5. 表演区:提供音乐磁带、表演材料,引导幼儿开展踩高跷、扭秧歌、舞龙舞狮等有关迎新年的活动 6. 家长园地:贴出“新年给家长的一封信”介绍主题活动的构想和需要配合的事项

注:园内环境。① 园内大厅、礼堂邀请民间艺人为我们展示民俗工艺,如灯笼、剪纸、葫芦丝、唐卡、中国结、风筝、麦秆画等。② 悬挂教师、幼儿与家长共同收集和制作的红灯笼。③ 宣传展板:各班级门口张贴着活动海报和游戏规则说明。④ 在一楼大厅特设兑奖处。

四、活动小结

以“快乐元旦,辞旧迎新”为主题的庆新年活动,通过多种形式,如表演节目、游戏、互动等环节进行展示。通过此次活动,家长充分感受到了小天鹅幼儿园的品质,感受到了老师的热情及孩子们的进步。

1. 心愿树上送祝福

把我们的新年“心愿”用最喜欢的方式表现出来，制作出一份新年心愿卡，与大家共同分享我们的快乐与甜蜜！小心翼翼地用自己和爸爸妈妈们共同制作的新年心愿卡把心愿树上挂得满满当当，都是我们的祝福，形成了冬日里幼儿园一道靓丽的风景线。

心愿树上送祝福

2. T型台上秀风采

音乐开始了，孩子们各自出场，带着微笑、带着美丽，所有的老师和家长都成了他们的观众，孩子们开开心心地秀了一把！活动结束后，孩子们还是不愿意把自己化的妆给擦了，孩子们对美的追求和认识让每一位大人都体会到了那一刻的喜悦与美丽：他们用自己的眼睛去看待美，更能用自己的思想和双手去创造美。多给孩子一些机会，多给孩子一些舞台，他们会让我们看到更多意想不到的美。

3. 亲子互动乐开怀

亲子游戏活动开始后，整个园内成了一片欢乐海洋。孩子在家长的陪同下玩了“我为爸妈剥橘子”、“运皮球”、“勺子搬豆子”、“赶小猪”、“救小动物回家”等游戏。这些活动既风趣，又锻炼孩子的动手能力，增进了亲子之间的感情，每个游戏点都洋溢着孩子们欢快的笑声。

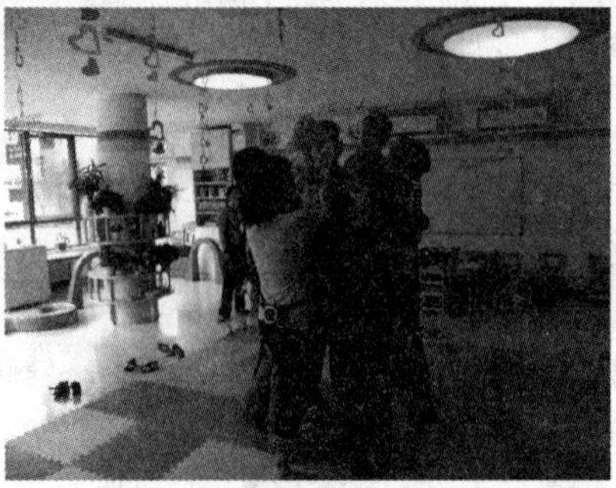

4. 一条街上玩民俗

我国的民间工艺艺术在世界上享有盛誉。民间工艺艺术的题材广泛，有剪纸、编织、布贴、扎染印染、雕刻、陶艺、中国结、风筝、书画等。为了让幼儿进一步领略民间工艺美术的优美，我们在此次活动中开设了主题会场“民俗一条街”，邀请民间艺人为我们展示民俗工艺（灯笼、剪纸、葫芦丝、唐卡、中国结、风筝、麦秆画等），同时重点增设了剪纸和中国结编织活动的区域。孩子们和家长争先恐后地来到操作区。他们用剪刀和彩纸剪出了各种作品，用丝带编织了中国结。俗话说：“心灵手巧”，实质上手巧则心灵。孩子们在剪纸活动中注意力集中，手眼协调，灵活地运用剪刀剪出各种物体形象。民间手工活动让幼儿在不知不觉中感受到了中国民间艺术的丰富和优美，在激发幼儿参与民间手工活动的兴趣的同时，也让幼儿充分体验感受美、发现美、表现美、创造美的愉悦。

我们的装扮真酷(1)

我们的装扮真酷(2)

五、教学资料

【元旦的历史】[①]

元旦也被称为“新历年”“阳历年”，是指国际通行公历纪元的1月1日。元旦是世界上很多国家或地区的法定假日。中国元旦历来指的是农(夏、阴)历正月初一。

“元旦”的“元”，指开始，是第一的意思，凡数之始称为“元”；“旦”，象形字，上面的“日”代表太阳，下面的“一”代表地平线。“旦”即太阳从地平线上冉冉升起，象征一日的开始。人们把“元”和“旦”两个字结合起来，就引申为新年开始的第一天。元旦又称“三元”，即岁之元、月之元、时之元。1949年9月27日，中国人民政治协商会议第一届全体会议决议：“中华人民共和国纪年采用公元纪年法”，即是我们所说的阳历。为了区别农历和阳历两个新年，又鉴于农历二十四节气中的“立春”恰在农历新年的前后，因此便把农历正月初一改称为“春节”，阳历一月一日定为“元旦”。至此，元旦才成为全国人民的欢乐节日。

【部分国家元旦习俗】[②]

1. 朝鲜

元旦黎明，人们把一些钞票塞进了前一天预先扎好的稻草人中，扔到十字路口，表示送走邪恶，迎接吉祥福星。黄昏，人们又将全家人一年中脱落的头发烧掉，祝愿家人四季平安。新春佳节，朝鲜的妇女穿戴一新。元旦，少女们头戴一种麻制的帽子，称为“福巾”，身穿带花纹的五色彩衣，进行荡秋千比赛。

2. 蒙古

元旦到来，蒙古老人会装扮成牧羊人的样子，穿着毛绒的皮外套，头戴一顶皮帽，手拿一根鞭子，不停地把鞭子在空中抽得啪啪响，以示驱邪祝福。

---

① 2011年4月20日摘自 http://zhidao.baidu.com/question/247332466.htm

② 2011年3月21日摘自 http://zhidao.baidu.com/question/2234971.htm

3. 法国

法国人认为元旦这一天的天气预示着新一年的年景。元旦清晨他们就上街看风向来占卜:刮南风,预示风调雨顺,这一年会是平安而炎热;刮西风,有一个捕鱼和挤奶的丰收年;刮东风,水果将高产;刮北风,则是歉收年。

4. 瑞士

瑞士:瑞士人有元旦健身的习惯,他们有的成群结队去爬山,站在山顶面对冰天雪地,大声歌唱美好的生活;有的在山林中沿着长长的雪道滑雪,仿佛在寻找幸福之路;有的举行踩高跷比赛,男女老幼齐上阵,互祝身体健康,以健身来迎接新一年的到来。

5. 巴西

巴西人在元旦这天,高举火把,蜂拥登山。人们争先恐后地寻找那象征幸福的金桦果。只有不畏艰险的人,才能找到这种罕见的果子,他们称之为"寻福"。巴西农村有一个独特的风俗习惯——互相揪耳,人们在元旦见面时,一定要相互使劲揪住对方的耳朵,表示祝福。

6. 阿根廷

阿根廷人认为水是最圣洁的。每年元旦,各家老少成群结队到江河中洗"新年浴",以洗去身上的一切污秽。

【儿歌】①

啊!又是一年过去了,
新的一年即将开始。
时间过得很快,
欢乐的时光好像在昨天,
晃晃忽忽的,一下子就过去了。
新的一年,
又是一个充满欢声笑语的新年,
也许,元旦是春天,
春姑娘闻风而动,
带来一场绵绵细雨迎接新年,
也许,元旦是冬天,
冬姑娘蠢蠢欲动,
下一场银白色的大雪,
为新年添上一幅美丽的图画。

(朱小平/文)

① 2011年3月21日摘自 http://zhidao.baidu.com/question/208999659.htm

妈妈我爱你

一、活动设计

初春的柔风，送来了亲情最浓的“三八”妇女节，这是全体女性的节日，也是一个对幼儿进行情感教育的极好机会。

幼儿园各班围绕“我爱妈妈”开展丰富多彩的主题教育活动。老师带领孩子们通过画画——“自己的妈妈”，说说——“夸夸我的好妈妈”，讲讲——“我为妈妈做件事”，唱唱——“我的好妈妈”，做做——“献给妈妈的爱心”等活动，引导幼儿学会关心、体贴妈妈，既激发爱妈妈的情感，又培养孩子的动手能力。小班的亲子阅读引导孩子学会感受妈妈的爱；中班的美术活动让幼儿学会感恩，并培养幼儿的动手能力；大班的活动让幼儿充分了解母亲，真正从内心感到母亲对家庭的付出，对自己的关爱，培养孩子尊敬长辈、孝敬父母的传统美德以及关心他人、热爱劳动的良好习惯。

感恩从心开始，让爱温暖人间。让孩子们从小心存感恩之心，让孩子的整个世界被这温暖的亲情所包围。

二、活动组织

（一）各年龄段主题活动目标

小班

1. 喜欢参加体育活动，乐于与妈妈一起玩亲子游戏。
2. 知道妈妈的一些喜好，初步萌发爱妈妈的情感。

中班

1. 学习用自然的声音唱歌，并能和同伴共同歌表演。
2. 学习用较连贯的语言向妈妈表达爱，体验用语言表达的乐趣。
3. 乐于了解自己的妈妈，在亲子互动中萌发爱妈妈、尊敬妈妈的情感。

大班

1. 初步了解“三八”节的由来，能用清晰连贯的语言表达对妈妈的爱。
2. 探究帮助妈妈的方法，能帮妈妈做一些简单的家务劳动。
3. 在活动中体验“我爱妈妈、妈妈爱我”的幸福。

（二）活动准备

1. 中大班幼儿和家长一起了解“三八”节的来历。
2. 幼儿和教师共同准备亲子活动的相关材料。
3. 幼儿和妈妈、奶奶、外婆事先共同准备好节目。
4. 幼儿已学会一些爱妈妈的儿歌、歌曲及古诗，如《我的好妈妈》、《游子吟》。

5. 布置活动场地，营造关爱妈妈的浓烈氛围。

6. 录音机、录像机、照相机等设备。

（三）活动案例

★小班亲子阅读——“逃家小兔”

活动目标

1. 能根据故事内容做相应的动作。

2. 通过亲子阅读感受母爱的伟大。

活动准备

人手1本绘本《逃家小兔》。

活动过程

1. 教师出示兔子玩偶，引起幼儿兴趣。

师：你们瞧瞧，谁来啦？

2. 阅读“逃家小兔”前半段。

(1) 幼儿观察PPT第一页。

师：小兔子对妈妈说了些什么？妈妈是怎么回答她的？

教师引导幼儿学习用动作表现故事内容。

(2) 幼儿观察PPT第二、三页。

3. 幼儿与家长共同阅读后半段。

4. 幼儿与家长表演。

★中班综合活动——甜甜水晶心

活动目标

1. 尝试通过亲吻、拥抱、唱歌、送水、送花等形式表达对妈妈的爱。

2. 制作母子花，复习揉贴的基本技能。

3. 打扮妈妈，与妈妈共同表演，体验母子情深。

活动准备

1. 皱纹纸、胶水、模版、水杯、鲜花人手1份；纸花、纸若干。

2. 已会唱歌曲《我的好妈妈》。

活动过程

1. 谢谢妈妈。

师幼讨论如何向妈妈表达爱。

师:妈妈每天要上班、做家务、照顾我们宝宝,非常辛苦,我们应该怎么感谢妈妈呢?教师引导幼儿讨论感谢的方式:亲吻、拥抱、唱歌、送水、送花。

(2) 幼儿以实际行动谢谢妈妈。

幼儿亲吻、拥抱妈妈。

幼儿给妈妈递上一杯水,并送上一朵花。

幼儿集体唱歌曲《我的好妈妈》。

幼儿与妈妈一起制作揉贴画“母子花”。

3. 时装表演“母子秀”

4. 观看录像“我在幼儿园的一天”,让妈妈了解孩子在园情况。

5. 照张“全家福”。

★大班综合活动——我爱妈妈

活动目标

1. 阅读绘本,联系自己的经验,理解妈妈无处不在的关爱。

2. 欣赏各种“爱心”,感受其鲜艳的色彩、夸张的形象。

3. 将爱心送给妈妈,向妈妈表达自己的爱。

活动准备

1.《我的妈妈》PPT。

2.《我的妈妈》绘本若干。

3. 各色卡纸、剪刀、胶水、水彩笔若干。

4. 音乐。

活动过程

1. 导入活动,唱爱妈妈的歌。

幼儿和老师一起边唱边跳进场。

2. 观看 PPT,理解绘本。

(1) 通过观看 PPT 第 1～5 页，说说妈妈有趣的本领。

师：刚才我们唱了一首妈妈的歌，老师也带来了一个和妈妈有关的故事，我们一起来看一看这个妈妈是什么样的？

师：这个妈妈真的很棒，你们说说她棒在哪里呀？（幼儿说到哪，教师点相应的 PPT）

(2) 继续观看 PPT 第 6～14 页。

师：妈妈变成了什么动物？你妈妈什么时候对你吼的？为了什么事情呀？

(3) 观看 PPT 第 7、8、9、11 页。

师：原来妈妈不管怎么变都是我们心中最美丽的妈妈。那我们接着再看一看书里又是怎么说的。

(4) 观看 PPT 第 6 页。

师：妈妈能唱，能跳，还会变，妈妈还有更神奇的魔法吗？我们一起看看妈妈的魔法在哪儿。

3. 完整阅读绘本故事，体会妈妈的爱。

(1) 完整阅读绘本故事，寻找、发现爱。

师：我的妈妈这么神奇，这么棒，让我们一起再来回味一下我妈妈吧。（幼儿完整阅读，放音乐）

(2) 体会妈妈的爱。

4. 幼儿自己设计爱心。

5. 将爱心献给妈妈，向妈妈说一句感谢的话。

6. 幼儿与妈妈一起进行化妆表演。

三、各主题活动环境创设

年龄段	班级环境
小班	1. 设置“我爱妈妈”主题墙饰，老师用废旧报纸制作了两个大的爱心，幼儿将和妈妈的照片贴在其中，并由老师在照片下面记录一句幼儿对妈妈的祝福 2. 美工区：提供衣服的模板，彩纸、皱纹纸、花边剪刀、胶水等材料供幼儿设计制作送给妈妈的衣服 3. 音乐区：提供《世上只有妈妈好》、《妈咪宝贝》等音乐，供幼儿学习 4. 廊道用粉色气球装扮，烘托节日气氛

续　表

年龄段	班级环境
中班	1. 设置“我的妈妈”主题墙饰，幼儿每人画出自己妈妈的画像 2. 语言区：采访自己的妈妈，填写“我了解的妈妈”调查表，让幼儿进一步了解自己妈妈的工作、喜好等 3. 美工区：提供各种手工材料和卡片，让幼儿设计心愿卡。提供各种彩色珠子和绳子，幼儿为妈妈设计项链
大班	1. 设置“祝福妈妈”主题墙饰，幼儿在爱心上画出对妈妈的祝福，并写上一句祝福的话，由教师装饰在墙上 2. 美工区：提供幼儿各种材质的纸张，供幼儿制作纸质鲜花送给妈妈，表达对妈妈的感激和爱 3. 语言区：设置“感谢妈妈”舞台，幼儿抒发对妈妈的感谢 4. 表演区：幼儿排练舞蹈《我的好妈妈》

四、活动小结

可以说“三八节”就是另外一个母亲节，正是增进亲子关系、让幼儿了解妈妈的爱的最好时机。因此，我们设计的关于“三八节”的一系列活动都是亲子活动，从活动中让幼儿更好地理解节日的意义以及妈妈的爱。

1. 学会阅读，学会爱

《我的妈妈》是一本十分优秀的绘本，以幽默的画面、简单的语言、细腻的情感为特色向读者展示妈妈爱的伟大。幼儿通过教师的指导，通过一幅幅生动的图画学会观察和阅读，而且集体阅读更容易激发潜在的情感，更有利于幼儿良好阅读习惯的培养。

2. 学会想像，学会表达

在爱心制作环节，教师只提供给幼儿一个框架要求，就是幼儿要自己制作一个爱心送给妈妈，向妈妈表达自己对妈妈的爱，而爱心的形式则要幼儿自己想像。小朋友们为了表达自己对妈妈的爱真是绞尽脑汁，都想设计一个与众不同的爱心送给妈妈。不得不说孩子们的想像力是丰富多彩的，各种富有创意的爱心让家长特别感动和骄傲。在这一过程中，幼儿学会以特别的方式向妈妈表达自己的爱。

五、教学资料

【三八节的历史】①

每年的3月8日是国际妇女节，这是为庆祝妇女在经济、政治和社会等领域做出的重要贡献和取得的巨大成就而设立的节日。设立国际妇女节的想法最先产生于20世纪初，当时西方各国正处在快速工业化和经济扩张阶段，恶劣的工作条件和低廉的工资使得各类抗议和罢工活动此起彼伏。1857年3月8日，美国纽约的制衣和纺织女

① 2011年3月21日摘自 http://www.qqjia.com/mu/jr0308.htm

工走上街头，抗议恶劣的工作条件和低薪。接下来的数年里，几乎每年的3月8日都有类似的抗议游行活动。首次庆祝妇女节是在1909年2月28日，当时美国社会党发表了一项宣言，号召在每年2月的最后一个星期日举行纪念活动。这样的庆祝活动一直持续到1913年。

1924年，中国共产党在广州首次举行了妇女节的纪念活动。1949年，大陆中央政府成立后正式将3月8日定为妇女节，该日全国妇女放假半天，并举行各种形式的庆祝活动。在中国的台湾、香港和澳门等地，妇女节也都作为一个节日予以庆祝。但在1991年，中国的台湾却取消了原本妇女节时妇女可以放假的规定。

联合国从1975年国际妇女年开始，每年于3月8日举办活动庆祝国际妇女节，确认普通妇女争取平等参与社会的传统。1997年大会通过了一项决议，请每个国家按照自己的历史和民族传统习俗，选定一年中的某一天宣布为联合国妇女权利和世界和平日。联合国的倡议为实现男女平等建立了法律框架，并且提高了公众对于迫切需要在各个方面提高妇女地位的认识。

（徐　莉/文）

绿色植树节

一、活动背景

植树节是国际性的节日。在大力宣传和推广“低碳环保”的今天，它所蕴含的教育资源非常丰富，是对幼儿走进自然进行“低碳环保”教育的最好契机。我们针对不同年龄段的幼儿，设计了不同形式的活动，从教师带领幼儿观察、了解身边的树木开始，为幼儿创设了充分表达自己走进大自然的感受、实践和创作等的平台。

此活动为期一周，前期各班开展有关植树节的教育活动。植树节当天可在园内开展植树活动，在种植园撒种、浇水，认领小植物及给小植物挂牌活动等，将学习知识与劳动实践结合起来，既增强了环保意识，又为创建绿色幼儿园添风采。

二、活动组织

（一）各年龄段主题活动目标

1. 小班能认识一些常见树木，知道树木给人们带来的好处，懂得爱护树木。

2. 在柔和、愉快的歌唱中体验大树妈妈和小鸟相亲相爱的情感。

中班

1. 熟悉各种树叶的名字，学习用树叶粘贴画，体验创作的快乐。

2. 乐意参加植树实践活动，在活动中能与同伴友好相处，萌发爱护树木、保护自然的情感。

大班

1. 能欣赏和理解儿歌《留住小鸟》。

2. 知道植树节的来历和意义、树木对环境的作用，初步了解保护树木的途径和方法。

3. 乐意与同伴一起进行植树节的实践活动，感受植树的快乐。

（二）活动准备

1. 与家长一起搜集有关树木的资料，熟悉各种树叶和树木的名字，拓展与树有关的知识经验。

2. 家长与幼儿一起做《我知道的树》调查表。

3. 有关我国林木资源缺乏或森林火灾的新闻片段。

4. 在美工区放置落叶和各种颜色的布及包装纸等。

5. 在阅读区提供有关树的书。

6. 植树的树苗若干及各种劳动工具若干。

（三）活动案例

★小班音乐活动——大树妈妈

活动目标

1. 用柔和、愉快的歌声表现歌曲。

2. 体验大树妈妈和小鸟相亲相爱的情感。

活动准备

歌曲《大树妈妈》、一张大树的图片、两张小鸟的图片、若干大树和小鸟的头饰。

活动过程

1. 讲述故事，引起幼儿活动的情趣。

师：小鸟在大树上筑了一个巢，大树妈妈轻轻摇动树枝，摇啊摇，鸟宝宝睡着了。下雨了，树妈妈长长的“手臂”就像一把撑开的大伞，为鸟宝宝挡住了风、遮住了雨。

2. 歌曲《大树妈妈》。

（1）幼儿边看图欣赏边感受老师的歌唱。

师：这就是我们今天这节课要学的歌曲《大树妈妈》。大树妈妈的枝叶可茂盛了，两只小鸟在大树妈妈的怀抱里睡着了，如果你是这只小鸟你会有什么样的感觉？

（2）幼儿随老师歌声摇动身体，幼儿跟唱。

师：大树妈妈轻柔地唱着歌，小鸟们睡着了，那我们应该怎样唱这首歌呀？

感受音乐的轻柔，学习用轻柔的声音演唱歌曲。

（3）幼儿随音乐做大树、小鸟的动作。

幼儿创编大树、小鸟及其动作，边唱边表演。

3. 游戏“大树妈妈”。

幼儿自由结伴分别扮演小鸟和大树，体验相亲相爱。

师：在大树妈妈的摇篮里，小鸟感到很幸福，所以我们要爱护树木、爱护大自然。大树妈妈一定会长得更加茂盛，小鸟们会更加幸福、快乐。

★中班美术活动——树叶粘贴画

活动目标

1. 熟悉各种树叶的名字，学习用树叶粘贴画。

2. 体验创作的快乐。

活动准备

1. 收集各种树叶。

2. 范画若干。

3. 各种粘贴用具：胶水、棉棒、小盘和画纸。

活动过程

1. 谈话活动。

师：你们都认识什么树啊？

2. 认识各种树叶。

师：我这有好多树叶宝宝，我们来看看他们都是谁。

教师出示几种树叶，让小朋友说出它的名字，并说出它像什么。

师：小朋友认识了这么多树叶宝宝，我们可以用它来干什么呢？（粘贴画）

3. 出示范画，教师示范讲解。

教师（出示范画）：请小朋友看一下，画上是什么？它是怎样做出来的呢？

教师逐步示范讲解。

4. 幼儿动手操作，自由创作。

教师指导幼儿的粘贴方法，保持画面整洁干净。

5. 将幼儿的作品放入主题墙饰内。

★大班综合活动——创意植树节

活动目标

1. 能欣赏和理解儿歌《留住小鸟》。

2. 知道植树节的来历和意义，树木对环境的作用。

3. 了解保护树木的途径、爱惜树木。

活动准备

1. 幼儿已搜集到的树的资料和图片。

2. 有关我国林木资源缺乏或森林火灾的新闻片段。

3. 幼儿绘画、手工材料若干。

活动过程

1. 欣赏和理解儿歌《留住小鸟》。

（1）教师朗诵儿歌《留住小鸟》。

（2）讨论：小猫和小狗是用什么办法留住小鸟的？为什么没有留住小鸟？小兔呢？小鸟为什么喜欢树？

（3）师：你喜欢树吗？你为什么喜欢树？

2. 分享和讨论植树节的资料。

（1）幼儿自由分享搜集来的树的资料和图片。

（2）幼儿讨论树的作用和好处。

（3）教师介绍植树节的来历、意义，分享林木资源缺乏或者森林火灾的新闻片段。

（4）幼儿讨论保护树木的方法。

3. 植树节宣传画。

幼儿分组设计植树节宣传画。

4. 布置幼儿作品展示区。

（四）活动流程

1. 活动时间：3月12日。

2. 活动地点：白马公园。

3. 参加人员：全体师幼。

4. 活动准备：垃圾袋（小班幼儿人手1个）、洒水壶（中班幼儿人手1个）、小锄头（大班幼儿人手1个）。

5. 活动过程：

（1）公园工作人员向幼儿介绍公园的树木。

（2）工作人员示范种树的整个过程。

（3）教师交代要求，幼儿自由活动。

小班幼儿为小树清理垃圾，捡落叶。中班幼儿排队接水，为小花、小树浇水。大班幼儿为小花、小树松土。

（4）幼儿回园，分班认领幼儿园内的树木，负责树木的爱护工作。

三、主题活动环境创设

年龄段	班级环境
小班	1. 主题墙饰：师幼共同创设主题墙饰"成长的大树"（将幼儿的照片贴于幼儿涂色的树叶上） 2. 植物角：将幼儿种的小植物放入植物角
中班	1. 师幼共同完成教室吊饰"春天来了"（幼儿制作拓印画——蝴蝶） 2. 主题墙饰：将幼儿创作的树叶粘贴画装饰后放入主题墙内 3. 科学角：提供各种树叶供幼儿认识、观察
大班	1. 主题墙饰：将幼儿种树的照片放入主题墙内 2. 展示区：在展示区布置幼儿植树节宣传画 3. 美工区：提供各种树叶供幼儿制作树叶书签

注：园内环境。① 园内的走廊及过道用柳树装扮。② 为园内的各种树木挂上名称牌。③ 各班认领树木，幼儿定期为自己班认领的树木浇水、锄草。

四、活动小结

植树节对于幼儿园的小朋友来说还是比较陌生的，但相对来说又极富教育意义，特别是对幼儿劳动意识和环保意识的培养。落叶贴画是中班一个很普遍的活动。很多幼儿园都组织过类似的活动。值此植树节之际我们在中班开展了一个有趣的树叶贴画活动。

1. 丰富幼儿知识，培养其审美能力

树叶贴画属于手工类的美术活动。为了准备这个活动，我们几位老师提前几天就注意收集不同类型的树叶，在活动之前将树叶分类清洗。活动的第一个环节就是请小朋友们认识各种树叶。对大家不是很熟悉的树叶，我们反复地认记了几遍。认识树叶过后老师又请小朋友们欣赏落叶，从树叶的形状、颜色、气味去描述树叶，在此过程中幼儿都十分认真地观察并讨论自己喜欢的树叶，这样既丰富了其知识，又培养了其审美能力。

2. 创意手工，创意美术

幼儿有了欣赏树叶的经验之后，对树叶的喜爱之情也就油然而生，大家小心翼翼地拿着自己保护得很好的树叶。在教师示范的时候小朋友们一个个都听得很认真，创作作品时还在谈论要贴什么。老师告诉大家想好了再贴，最后几个小朋友在老师的指导下完成了贴画，大家才开始认真贴自己的画。孩子们创作出来的都是艺术品，其中包含着孩子们的想像力与创造力。

五、教学资料

【植树节的由来】①

植树节是一些国家为激发人们爱林、造林的感情，促进国土绿化，保护人类赖以生存的生态环境，通过立法而确定的节日。植树节最早起源于古巴勒斯坦。每年的 3 月 12 日是中国的植树节。目前，世界上许多国家都确立了自己的植树节。

3 月 12 日是孙中山先生逝世纪念日。中山先生生前十分重视林业建设。他任临时大总统的“中华民国”南京政府成立不久，就在 1912 年 5 月设立了农林部，下设山林司，主管全国林业行政事务。1914 年 11 月我国颁布了近代史上第一部《森林法》。

1979 年 2 月，五届全国人大常委会第六次会议根据国务院的提议，通过了将 3 月 12 日定为我国植树节的决议，这项决议的意义在于动员全国各族人民积极植树造林，加快绿化祖国和各项林业建设的步伐。将孙中山先生与世长辞之日定为我国植树节，也是为了缅怀孙中山先生的丰功伟绩，象征中山先生生前未能实现的遗愿将在新中国实现并且要实现得更好。

---

① 2011 年 4 月 2 日摘自 http://blog.myspace.cn/e/403317756.htm

【儿歌】[1]

留住小鸟

小鸟飞进小狗的院子里，小狗想留住小鸟，为它搭了一间漂亮的积木房子。小鸟看见了，扑扇着翅膀飞走了。

小鸟飞进小猫的院子里，小猫想留住小鸟，为它编了一只精美的小笼子。小鸟看见了，扑扇着翅膀又飞走了。

小鸟飞进小兔的院子里。小兔想留住小鸟，为它栽了一棵小树苗。小树苗慢慢地长大了，长出了许多绿叶。小鸟扑扇着翅膀说："谢谢！谢谢！"

小狗和小猫明白了：树是鸟儿的家，有树才能留住小鸟。瞧，他们拿起铁锹去种树啦！

大树妈妈

大树妈妈个儿高，对着摇篮唱歌谣。摇呀摇，摇呀摇，摇篮里的小鸟睡着了。

大树妈妈个儿高，对着小鸟呵呵笑。风来了，雨来了，摇篮上的小伞撑开了。

我和杨树一起长大

小杨树，长绿叶。
风吹来，哗啦啦。
不怕太阳晒，不怕风雨打。
长得笔直又挺拔，
小朋友要学它，坚韧不拔顶呱呱。
爱学习，爱劳动，做个听话的好娃娃。
儿童节，春光好，
小宝宝们栽树苗，
许个愿，做祈祷，
我和小树快长高。
好朋友，来关照，咱们一起把水浇，
枝儿长，叶儿茂，
小树长大成材了，等我浇水吧。

（张　梅/文）

---

① 2011年4月2日摘自 http://www.n95.org.cn/qita/2473.htm

欢天喜地庆“六一”——小天鹅“六一”节

一、活动背景

快乐的六一国际儿童节是全世界儿童的节日。每年的这一天，美丽的鲜花汇成欢乐的海洋，张张笑脸洋溢着幸福和欢畅，各国小朋友们都会以各种方式庆祝自己的节日。教师通过开展庆“六一”主题活动，引导幼儿采用跳舞、歌唱、游戏等多种形式庆祝自己的节日，培养幼儿动手、动脑和与他人合作的能力。

活动持续一周：周一是歌舞巡游，孩子们穿上自己最喜欢的衣服，有的扮成白雪公主，有的扮成灰太狼，以班级为方阵进行巡游；周二是画展，幼儿以班级为单位，将画布置成展板，由孩子当讲解员进行介绍，相互欣赏作品；周三是看电影，孩子们和家长一起观看影片，让家长也回到童年；周四是全园联欢会，孩子们既是演员，又是观众，还是主持人、导演、记者；周五是亲子活动，以班级为单位，各班开展丰富多彩的活动。

二、活动组织

（一）热闹的歌舞巡游

活动时间：周一 9：30～11：00。

活动地点：军区大院（幼儿园——食堂——服务中心——幼儿园）。

活动准备：

1. 彩装巡游的舞蹈动作、队形和口号。
2. 彩装巡游的衣服、道具和音乐。
3. 确定巡游路线并告知家长。
4. 各路口有幼儿园工作人员维持秩序。

活动形式：

1. 吉祥物蓝猫和小猪开道。
2. 各班在幼儿园大门口的舞台亮相，然后沿巡游路线前进。
3. 观看木偶剧《神笔马良》。
4. 引导家长了解我园童话节的活动区域。

（二）好看的幼儿画展

活动时间：周二 9:30～11:00。

活动地点：户外场地。

活动准备：各班准备好幼儿绘画展板。

活动形式：

1. 各班布置画展。
2. 幼儿、家长自由参观。
3. 小小讲解员向大家介绍本班画展的主题内容。
4. 小小摄影师拍摄绘画作品。

（三）喜欢的儿童电影

活动时间：周三 9：30～11：00。

活动地点：军区礼堂。

活动内容：

可选择以下几个方面的电影。

1. 爱国主义影片《闪闪的红星》、《小兵张嘎》等。

2. 国产动画片《九色鹿》、《半夜鸡叫》、《宝莲灯》、《喜羊羊和灰太狼》等。

3. 外国动画片《花木兰》、《海底总动员》、《功夫熊猫》、《玩具总动员》等。

活动形式：

幼儿和家长一起观看。

（四）精彩的文艺演出

活动时间：周四 9：30～11：00。

活动地点：军区礼堂。

活动形式：

1. 主持人开幕。

幼儿 1：亲爱的爸爸妈妈。

幼儿 2：亲爱的爷爷奶奶。

幼儿 3：亲爱的老师、小朋友们。

合：大家早上好！

幼儿 4：沐浴着春风阳光，我们迎来了美丽的“六一”儿童节。

幼儿 5：在这快乐的时刻，爷爷奶奶、爸爸妈妈也来和我们一起欢度节日，我们别提有多开心啦。

合：南京军区政治部小天鹅幼儿园“六一”文艺汇演现在开始！

2. 园长致词。

3. 各班表演活动。

年龄段	班级	活动名称	形式
小班	小一班	《挑食的公主》	情景剧
	小二班	《今天你要嫁给我》	歌表演
	小三班	《森林狂欢舞》	舞蹈
	小四班	《爷爷是个大英雄》	舞蹈
	小五班	《我爱 ABC》	歌唱
中班	中一班	《猫鼠大战》	情景剧
	中二班	《加油歌》	歌唱
	中三班	《花儿朵朵》	舞蹈
	中四班	《彩虹糖的梦》	歌表演
	中五班	《未来和希望》	舞蹈
大班	大一班	《庆祝》	诗朗诵
	大二班	《快乐宝贝》	街舞
	大三班	《阳光、绿芽》、《小英雄》	舞蹈
	大四班	《要抱抱》	走秀
	大五班	《海宝来了》	歌表演

阳光、绿芽

挑食的公主

猫鼠大战

要抱抱

（五）快乐的亲子活动

活动时间：周五 9：30～11：00。

活动地点：各班教室。

活动形式：

1. 各班开展家长半日开放活动。
2. 各班开展多种形式的亲子游戏。
3. 针对 0～3 岁未入园的军区部队子女开展亲子活动。
4. 亲子阅读、游戏、舞蹈。

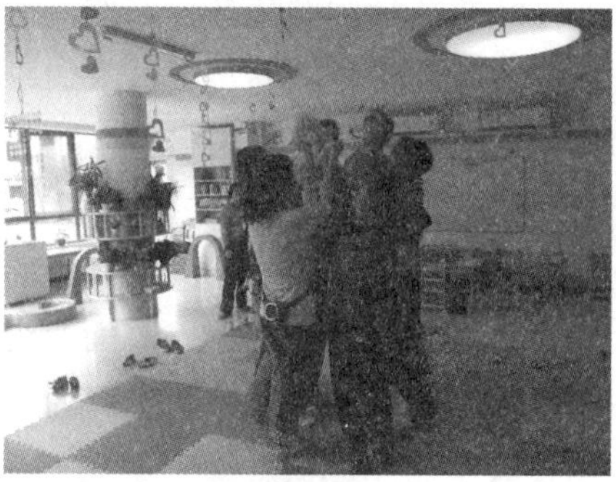

华尔兹

点名游戏

（六）神秘的节日礼物

活动时间：周五 3：30～4：30。

活动地点：一楼大厅。

活动形式：

1. 各班开展家长半日开放活动。

2. 各班领取礼物。

3. 各班幼儿合影留念。

三、主题活动环境创设

年龄段	班级环境
小班	1. 主题墙饰：设置“甜甜的‘六一’”主题墙饰，老师用废旧报纸制作了两个小朋友模型，用幼儿画的花和小草装点在周围 2. 表演区：提供各民族的舞蹈服，供幼儿自由跳舞、唱歌 3. 音乐区：提供一排玻璃瓶，里面装的水的容量层次不同，幼儿自由探索、敲击，感受乐音的变化 4. 廊道用粉色气球装扮，烘托节日气氛
中班	1. 主题墙饰：设置“开开心心过‘六一’”主题墙饰，幼儿利用废旧光盘制作花朵，用废旧包装纸制作五彩旗装饰在周围 2. 表演区：幼儿彩排“六一”歌舞，教师提供各种演出服、头饰、道具等供幼儿选择 3. 美工区：提供各种手工材料，如包装盒、饮料瓶、彩纸、水果包装网等供幼儿自制
大班	1. 主题墙饰：设置“飞向蓝蓝的天”主题墙饰，幼儿画出自己的梦想，教师装饰在墙上 2. 美工区：幼儿自己设计、制作“六一”宣传海报，并向小、中班的幼儿和家长宣传、发放 3. 语言区：设置“我的梦想”舞台，幼儿抒发对小学的向往 4. 表演区：幼儿排练“六一”歌舞

四、活动小结

“六一”儿童节是属于孩子们的节日，为了让孩子们过一个快乐难忘的节日，我们在策划活动的时候就把“让孩子们玩得尽兴”放在第一位予以考虑。所有活动老师都退到幕后，让孩子们尽情地展现自我，过一个属于自己的节日。尤其是歌舞巡游活动的开展，这天小朋友们就像是来到了游乐场一般，喜悦兴奋的情绪感染了每一位家长和老师。

1. 培养幼儿的主人翁意识

歌舞巡游是从每个班的精彩亮相开始的，家长和老师都自动地退到旁边，让幼儿主动去展示自己。也许是为了得到家长和老师的称赞，也许是为了在小伙伴面前表现自己，小朋友们在巡游前的表演都十分的投入和精彩，充分地展现了小朋友们的主人翁意识，展现自我、展现班级、展现幼儿园。在巡游过程中小朋友们就像是小主人一样积极地向家长介绍幼儿园以及巡游前的一些准备情况，对于幼儿逐步摆脱自我中心、培养主人翁意识有莫大的益处。

2. 培养幼儿的责任感

虽然歌舞巡游活动是由教师组织的，但为了培养幼儿的责任感，整个活动流程都是由幼儿自己主导的。从歌舞表演到巡游再到木偶剧表演，幼儿都是自动自觉地遵守纪律做自己的事，即使有调皮的孩子不能约束自己，也立即会受到其他小伙伴的“舆论谴责”。整个活动对小朋友们责任感和规则意识的培养有极大的作用。

五、教学资料①

【六一国际儿童节的历史】

儿童节，又称六一国际儿童节，每年的 6 月 1 日，是全世界少年儿童的节日。它是为了保障世界各国儿童的生存权、保健权和受教育权，为了改善儿童的生活，为了反对虐杀儿童和毒害儿童而设立的节日。

1925 年 8 月，在瑞士日内瓦召开的关于儿童福利的国际会议上，首次提出了“国际儿童节”的概念。大会通过《日内瓦保障儿童宣言》，倡议建立儿童纪念日。英国、美国、日本等国积极响应，先后建立了自己国家的儿童节。英国规定每年的 7 月 14 日为儿童节，美国规定 5 月 1 日为儿童节。日本的儿童节很特殊，分男女儿童节，男儿童节 5 月 5 日、女儿童节 3 月 3 日。我国在 1931 年也曾经规定 4 月 4 日为中国儿童节。

1949 年 11 月，国际民主妇女联合会在莫斯科举行理事会议，会议决定以每年的 6 月 1 日为国际儿童节。世界各国纷纷废除原来的儿童节，而统一为“六一国际儿童节”。

【六一国际儿童节的习俗】

1. 日本

日本的儿童节，叫做“儿童日”，是一个传统节日。在每年的 5 月 5 日，日本的家庭都会庆祝孩子的长大。二战前，这个节日被称为“端午节”，并且只是男孩的节日。1948 年，当这个节日成为公众假日的时候，便成了庆祝所有儿童幸福和福利的节日。在节日当天，日本的家庭都会在屋顶上悬挂鱼状的标志，用来象征儿童消除厄运，克服困难，顺利成长。不过日本在 3 月 3 日还有单独的女孩节，从上巳节发展过来，女儿节以摆放各种玩偶来庆祝。男儿节悬挂鲤鱼旗是源自中国的“望子成龙”和“鲤鱼跳龙门”的传说。

2. 巴西

看病打针，健康第一。巴西的儿童节在 8 月 15 日，这一天正好也是巴西的“全国防疫日”。所以，每到这个日子，各地的医生们都要为孩子们看病，还要给 5 岁以下的儿童注射预防小儿麻痹症的疫苗，表明政府十分关心儿童的健康。另外，巴西的“圣母显灵日”10 月 12 日也往往作儿童节，全国会有一些庆祝活动。

---

① 2011 年 3 月 12 日摘自 http://baike.baidu.com/view/153354.htm

3. 瑞典

欧洲国家瑞典也把儿童节分得比较细，每年的8月7日是“男孩节”，又称为“龙虾节”，意思是鼓励全国的小男孩学习龙虾的勇敢精神。这一天，孩子们要打扮成龙虾的样子，表演一些非常活泼可爱的节目。12月13日则是瑞典的“女孩节”，又叫“露西娅女神节”。露西娅是瑞典传说中专门保护女孩的女神，每到这个节日，女孩子都要打扮成女神的模样，为其他孩子做好事。

4. 俄罗斯

国际儿童节在这里诞生。俄罗斯的儿童节和国际完全“合拍”，就在6月1日。每当儿童节来临的时候，俄罗斯各地的孩子们都会兴高采烈地欢度自己的节日，还会表演一些民族歌舞，学校里则举行庆祝活动。

（宋 睿/文）

老师，节日快乐

一、活动背景

有人说老师是红烛，有人说老师是春蚕。老师默默地在自己的岗位上耕耘，无私地奉献着自己，他们用自己的谆谆教诲为孩子们指明前路，用自己辛勤的汗水浇灌出孩子们灿烂的明天，他们是一群可敬可爱的人。尊师重教是我国的传统美德，为发扬尊师重教的优良传统，在教师节来临之际，结合节日教育，开展"老师，节日快乐"主题教育活动，有着重要意义。

此活动为期一周：前期各班布置与节日有关的主题墙饰和节日环境，开展有关教师节主题教育活动，内容涉及语言、社会、美术、音乐、数学等领域，准备节日演出的节目；在教师节当天，可以班为单位或以年级为单位，开展让幼儿说说、唱唱、画画、做做的形式，慰问老师并向老师献祝福等，以此使幼儿知道教师节，了解教师工作的辛苦和意义，培养孩子尊师爱师、感恩师爱的情感和美德。

这些活动可以帮助幼儿丰富以下经验：① 每年的 9 月 10 日是教师节，是老师的节日。② 老师非常关爱小朋友们，为小朋友的成长付出了辛勤的劳动，我们应该尊敬老师。③ 小朋友们可以用不同的方式，向老师表达自己的爱与敬意。④ 了解教师节相关的知识和信息。

二、活动组织

（一）各年龄段主题活动目标

小班

1. 知道教师节是老师们的节日，认识教师的角色，初步了解老师的工作。

2. 愉快地参与教师节的活动，产生喜爱老师的情感。

中班

1. 知道 9 月 10 日是教师节，是老师们的节日，了解教师节的由来、教师工作的意义。

2. 初步尝试用语言、绘画、歌曲等不同的形式表达自己对老师的爱戴。

3. 感受活动带来的快乐，增进爱老师的情感。

大班

1. 知道每年的 9 月 10 日是教师节，了解教师工作与自己的关系及教师工作的辛苦和意义。

2. 能大胆地想像和创造，用自己的行动和方式去表达对老师的爱和敬意。

3. 懂得知恩感恩，尊重教师，与老师共享节日快乐。

（二）活动准备

1. 布置教师节的主题墙饰和节日环境。

2. 制作并悬挂横幅“老师，节日快乐”。

3. 举办《我的好老师》幼儿绘画展。

4. 布置活动场地，准备音乐、音响、录音机、录像机、照相机等设备。

5. 张贴海报，欢迎家长来园参加活动。

6. 鼓励家长与幼儿一起收集有关“教师节”的图片、录像等资料。

7. 建议中大班幼儿的家长引导幼儿倾听有关教师的故事、散文和歌曲等，了解国内教师节的庆祝活动。

（三）活动案例

★小班语言活动——老师，您真好

活动目标

1. 知道教师节是老师们的节日，初步了解老师的工作。

2. 能向老师展示所学的本领，和老师抱一抱、亲一亲，问声节日好，回报老师的付出。

3. 初步产生喜欢老师、爱老师的情感。

活动准备

录像片段。

活动过程

谈话导入，引起幼儿活动的愿望。

师：今天，我带来了一段好看的录像，请小朋友们看看这里面有谁？他们在干什么？

2. 幼儿观看前段时间在幼儿园学习、生活的录像片段，了解老师的工作。

(1) 幼儿观看录像。

(2) 教师提问。

师：录像里有谁？老师们在做什么？老师教你学会了哪些本领？

3. 幼儿展示自己跟老师所学的本领。

师：谁能把这些本领表演给大家看呢？

幼儿展示所学的本领。

4. 介绍教师节。

师：宝宝们跟老师学了这么多的本领，老师好吗？你喜欢老师吗？

向幼儿介绍今天是教师节，是老师们的节日。

5. 幼儿上来和老师抱一抱、亲一亲，向老师问声节日好。

★中班绘画活动——我亲爱的老师

活动目标

1. 知道9月10日是教师节，是老师们的节日。

2. 学习画出人物脸部的特征。

3. 激发热爱老师的情感。

活动准备

铅画纸、彩笔、录音机、轻音乐。

活动过程

1. 导入。

(1) 通过谈话，让幼儿知道今天是教师节。

师：今天是9月10日，小朋友们知道是什么节日吗？这是谁的节日呀？

(2) 幼儿向班级老师问候节日好。

请出我班的老师。

幼儿向老师们问声节日好。

2. 让幼儿了解教师节。

教师向幼儿讲述教师节的由来和意义。老师教小朋友们学本领很辛苦，小朋友想怎样表达你对老师的爱呢？

3. 观察我的老师。

(1) 请幼儿观察我们班的老师并进行描述。

师：请小朋友看看我们班的老师长得是什么样子的？

引导幼儿分别观察老师的脸形、头发、眼睛、鼻子、耳朵、嘴巴。

(2) 教师提问。

老师各是什么脸形？圆圆的还是瓜子脸？老师的头发是什么样子的？长的还是短的？直发还是卷发？老师的眼睛是怎样的？大大圆圆的还是细细弯弯的？老师的鼻子是什么样的？耳朵是什么样的？嘴巴又是怎样的？

4. 幼儿给老师画幅画。

(1) 教师示范讲解画法，引导幼儿把老师的脸部基本特征画出来。

(2) 幼儿在音乐中绘画自己喜爱的老师。

教师提出绘画注意事项和要求。

幼儿绘画，教师观察指导。

5. 幼儿给老师送上教师节的礼物。

(1) 幼儿说说自己画的是哪个老师，请同伴评价像不像。

(2) 幼儿将自己画的老师的像送给相对应的老师，并向老师们说一句："老师，祝您节日快乐！"

★大班制作活动——老师，谢谢您

活动目标

1. 知道每年的9月10日是教师节，了解教师工作与自己的关系及教师节的意义。

2. 能运用已有的美工经验，创造性地制作谢师卡，向老师表达感激之情。

活动准备

卡纸、油画棒、水彩笔、贴画、剪刀、印章、毛根、胶水及双面胶。

活动过程

1. 情景导入。

(1) 参观“幼儿园的老师”照片展。

师：照片上是谁？你认识她吗？她是哪个班的什么老师？她们工作辛苦吗？老师这样工作是为了谁？(幼儿互相交流)

(2) 引出教师节话题，了解教师节的由来，讨论如何向老师表达自己的谢意。

师：今天是什么节日？每年的几月几日是教师节？

教师介绍教师节的由来。

引导幼儿讨论如何向老师表达自己的问候和谢意。

2. “小小贺卡”。

(1) 出示材料，引导幼儿制作谢师卡。

儿童节是我们小朋友们的节日，教师节是我们可爱的老师的节日，小朋友们可以自己制作漂亮的卡片送给老师，祝福老师节日快乐。

教师出示卡纸、油画棒、水彩笔、贴画、剪刀等制作材料，引导幼儿按自己的想法，或画画或剪贴图案或用印章和毛根装饰，制作谢师卡。

(2) 集体幼儿制作。

师：小朋友们仔细想一想你要给老师画什么样的卡片，我们比比看谁画得最漂亮。

幼儿按自己的意愿，创造性地制作谢师卡。教师予以适当的协助和指导，并提醒幼儿保持桌面与地面干净。

3. “感动的祝福”。

教师根据幼儿所说，帮助幼儿写上一句表达感谢的话和祝福语。

4. “您辛苦了”。

幼儿分别向全园老师赠送谢师卡。

教师引导幼儿在送给老师贺卡时对老师说：“老师，您辛苦了！”

（四）活动流程

活动时间：2010年9月10日早上9:40～10:30。

活动地点：幼儿园操场。

活动人员：全体教师、全体幼儿及家长。

活动过程：

1. 主持人上场。今天是老师的节日，我们一起庆祝，表达你对老师的爱吧。

2. 升旗仪式。

3. 园长讲话。

4. 家长代表发言。

5. 小朋友代表发言。

6. 小朋友给老师献花。对老师说:“谢谢老师,您辛苦了!”

7. 幼儿歌舞表演。

小班:儿歌《老师本领大》、《幼儿园像我家》、歌表演《我的老师像妈妈》。

中班:诗歌《老师的手》、歌表演《我为老师唱首歌》。

大班:舞蹈《每当我走过老师的窗前》、《快乐的童年》。

8. 教师歌表演《最美的名字》、舞蹈《青春的旋律》。

9. 幼儿向老师献画、献贺卡,并送上问候和祝福:“老师,您辛苦了!”“老师,我爱你!”“老师,祝永远年轻!”“老师,祝您节日快乐!”

三、主题活动环境创设

年龄段	班级环境
小班	1. 主题墙饰:将老师平时辛勤劳动、关爱小朋友的照片,布置成主题墙饰“我的好老师” 2. 在教室中悬挂吊饰、拉花,营造节日氛围
中班	1. 主题墙饰:师幼共同布置“老师,辛苦了”主题墙饰 2. 区角活动:收集有关教师节的图片资料布置在社会区域活动墙上,供幼儿游戏活动时了解有关教师节的知识 3. 家长园地:在家长园地中贴出本主题活动的构想和所需配合的事项
大班	1. 主题墙饰:布置“老师,我爱你”主题墙饰 2. 美工区:在美工区提供皱纹纸、彩色纸、剪刀、糨糊、彩笔、压花机等,供幼儿游戏时制作送老师的礼物 3. 师幼共同绘画、制作,布置节日环境

四、活动小结

幼儿园教师是孩子们一生求学道路上的启蒙者,在幼儿园就培养幼儿尊师重教的意识,对于幼儿今后的发展具有重大意义。在设计教师节系列活动时,我们的最终目标是让孩子们从内心深处理解和爱老师,所以活动都侧重情感目标的达成。而大班幼儿无论是情感表达还是手工技能都已经比较成熟,故此着重策划了大班幼儿的谢师活动。

1. 照片展引发尊师情

大班《老师,谢谢你》是由幼儿园全体教师的照片展开始的,在照片展上小朋友们都十分开心地指着自己认识的老师向小伙伴们介绍,互相认识其他教师。大班幼儿与自己班的老师已经相处两年多了,师幼之间已经有了比较深厚的情感基础,在教师有意的引导下很容易就引发幼儿的节日情感。在活动中小朋友们通过与小伙伴交流自己认识的老师,初步感受到教师在自己的成长中所扮演的角色意义,进而转移到对教师的尊敬之情。

2. 用"心"去表达爱

活动中,我不仅让幼儿了解了教师节的起源和意义,还设计了一个环节让幼儿相互交流如何向老师表达自己的谢意。通过这个环节,使幼儿对教师的情感不仅仅停留在节日的教育层面上,而是让幼儿从内心去感受表达的意义:因为老师为我们付出了许多,给予我们无私的爱,所以我们才要感谢和回馈老师的爱。让幼儿因为懂得爱所以去爱,而不是因为应该爱才去爱。

3. 学会将"爱"放大

俗话说礼轻情意重,幼儿园的小朋友能表达爱的方式有限,因此让孩子们发挥自己的本领为老师制作谢师卡,对于幼儿来说不仅锻炼了动手能力、创造力,同时也教给孩子们一种爱的表达方式;对于老师来说,这是对老师们无私付出的最好回报。为了让爱得到升华,我让幼儿不仅要给自己班的老师送谢师卡,而且还要给幼儿园其他的老师送,让幼儿对教师的爱向一个更为广阔的层面上扩展,学会去感恩一切帮助过自己的人,这也是对所有我园教师的一次情感回报。

五、教学资料

【教师节的历史】①

为纪念 1966 年国际劳工组织(ILO)和联合国教科文组织(UNESCO)联合颁布的《关于教师地位的建议案》,联合国教科文组织于 1994 年将每年的 10 月 5 日定为世界教师节。

我国历史上最早出现教师节是在 1931 年。当时,教育界知名教授邰爽秋、程其保等联络京、沪教育界人士,拟定每年 6 月 6 日为教师节,并发表《教师节宣言》,提出改善教师待遇、保障教师工作、增进教师修养 3 项目标。这个教师节没有被当时的国民党政府承认,但在全国各地产生了一定影响。鉴于"六六"教师节是教师自发组织设立的,国民党政府没有承认,1939 年,国民党政府教育部决定另立孔子诞辰日(8 月 27 日)为教师节,并颁发了《教师节纪念暂行办法》,但当时未能在全国推行。

1951 年,中华人民共和国教育部和中华全国总工会共同商定,将教师节与"五一"国际劳动节合并一起作为我国的教师节。由于种种原因,教师节实际上并未实行。为了发扬"尊师重教"的优良传统,提高教师地位,1985 年 1 月 21 日,在第六届全国人大常委会第九次会议上正式通过国务院关于建立教师节的议案,确定每年 9 月 10 日为中国的教师节。将教师节定在 9 月 10 日是考虑到全国大、中、小学新学年开始,学校要有新的气象。新生入学开始,即尊师重教,可以给"教师教好、学生学好"创造良好的

---

① 2011 年 3 月 13 日摘自 http://baike.baidu.com/view/25833.htm? fr=ala0_1_1#sub25833

气氛。1985 年 9 月 10 日,是中国恢复建立的第一个教师节,全国的教师们迎来了自己的第一个教师节。从此以后,每年的教师节成为了人们生活中的一件大事,尊师重教成为了一种美德。

【诗歌】

我为老师唱首歌①

小蜜蜂爱蝴蝶,小鱼儿爱小河,
我们爱老师,老师喜欢我,
我为老师唱首歌,
谢谢老师哺育我!

(虞林笋/文)

① 2011 年 3 月 13 日摘自 http://njxgsy.9ye.com/school/team/teamarticle～a～view－262099～sn_id～2454667～teamdomain～t12043.htm

欢欢乐乐庆国庆

一、活动背景

每个人都有自己的生日，当生日来临的时候，家人都会为他庆祝。祖国也有自己的生日，每年的国庆节前后，到处都张灯结彩，沉浸在一片欢乐之中。为使孩子们从小就树立热爱祖国的意识，每年的 9 月 30 日我园都会举行“庆国庆”的大型艺术活动，主要通过看升旗仪式、听国歌、说祝福话、歌表演等形式予以开展，涉及音乐、美术、社会、语言、数学等各领域。我们通过“国庆节”主题活动，帮助幼儿知道祖国的生日，让他们以自己的方式进行庆祝；知道中国是个多民族的国家，懂得尊重少数民族，培养理解、尊重、平等的态度，并在活动中提高国家自豪感和民族认同感，为祖国的美好和强大感到自豪，从而激发其爱祖国的情感。

二、活动组织

（一）各年龄段主题活动目标

小班

1. 知道每年的 10 月 1 日是国庆节，是祖国妈妈的生日。

2. 感受节日的气氛，以自己的方式表达热爱之情。

中班

1. 知道国庆节是新中国母亲的诞辰日，简单了解国庆节的来历。

2. 感受“开国大典”的隆重、热闹。

3. 激发热爱祖国母亲的情感。

大班

1. 知道我国的首都是北京，了解国旗、国徽的含义。

2. 通过和家长的联欢活动，加强幼儿的爱国主义热情，使幼儿懂得我们的幸福生活来之不易，从而更加刻苦学习。

3. 敢于在集体面前大胆表现，体验集体庆祝的乐趣。

（二）活动准备

1. 小班幼儿收集有关庆祝国庆节的场景图片、烟花图片（人手 1 份）、中国地图 1 张、五星红旗 1 面。

2. 中班幼儿与家长共同收集有关国庆节和祖国伟大成就的图片、资料等。

3. 大班幼儿观看《开国大典》、《建国 60 周年国庆阅兵》录像。

（三）活动案例

★小班综合活动——欢欢乐乐庆国庆

活动目标

1. 知道每年的10月1日是国庆节，是祖国妈妈的生日。

2. 感受节日的气氛，以自己的方式表达热爱之情。

活动准备

1. 烟花图片人手1份、中国地图1张、五星红旗1面。

2. 关于人们庆祝国庆节的场景图片。

3. 解放军阅兵式光盘。

活动过程

1. 引导幼儿感受节日的气氛，知道国庆节。

师：小朋友有没有发现这几天街上有什么变化？我们的教室有什么变化？（教师引导幼儿观察教室里有关“庆国庆”内容的墙饰）

师幼谈话。

师：观看解放军阅兵的光盘，为什么到处有鲜花？

2. 介绍国庆节。

(1) 师：过几天就是国庆节了，国庆节是谁的节日呀？

教师总结：10月1日是国庆节，是祖国的生日。

(2) 欣赏人们庆祝国庆节的场景图片。

师：大家会怎样庆祝呢？

(3) 带领幼儿参观中国地图，认识祖国的首都和国旗。

师：北京在哪里？南京又在哪里？

3. 幼儿作画，添画烟花。

4. 师幼共同布置展板。

师：让我们一起把作品送给“祖国”吧。

5. 歌舞表演，幼儿以自己的方式庆祝祖国的生日。

★中班综合活动——红歌会

活动目标

1. 了解我们中国的首都是北京，以及国旗、国徽的含义。

2. 通过此次联欢活动，加强幼儿的爱国主义热情，使幼儿懂得我们的幸福生活来之不易，从而更加刻苦学习。

3. 敢于在集体面前大胆表现，体验集体庆祝的乐趣。

活动准备

1. 幼儿人手1面自制的国旗。

2. 庆祝国庆的口号、歌曲等。

活动过程

1. 导入。

(1)“听国歌”。

师:小朋友们知道我们听的这首歌是什么歌吗?

今天是我们祖国的生日,我们小朋友记住了我们祖国的生日是10月1日。

(2)“你知道吗”。

师:请问小朋友们,关于国庆节还知道什么?我们和小朋友一起分享。

2.“我给祖国过生日”。

(1)集体齐唱国歌。

师:小朋友们过生日的时候会唱什么歌?我们给祖国过生日要唱国歌。

当庄严的国歌演奏完毕,幼儿共同高呼:祖国生日快乐!

主持人详细向幼儿介绍中国的首都、少数民族以及国旗、国徽的含义。

(2)各班集体大合唱表演。(有关国庆的歌曲)

(3)集体联欢。

3.“小小国旗”。

师:今天是祖国的生日,老师想送给祖国一面小红旗,我和小朋友一起比赛,看谁的小红旗做得又快又好。

4.总结。

师:今天我们给祖国过生日了,还学到很多的知识,小朋友们都记住刚才老师告诉你们的知识了吗?我们国家的首都是哪里?国旗为什么是红色的?小朋友们记住了,回家讲给爸爸妈妈听。

★大班综合活动——祖国,我爱你

活动目标

1.初步了解中华民族关于国庆节日的有关知识,激发做一个中华小公民的自豪之情。

2.和全体家长一起过节,体验节日的快乐。

活动准备

1.小国旗1面,小星星若干。

2.墙面设计。

3.幼儿节目,生日蛋糕1个。

活动过程

1.导入。

(1)今天老师带来两个小朋友们都很熟悉的好朋友,我们看看它是谁?(教师出示国旗、国徽)

(2)老师和孩子们一起认识了国旗和国徽。教师向幼儿讲述国旗国徽的有关知识。

2.引导幼儿制作国旗。

(1)幼儿自己动手制作国旗。

(2) 幼儿骄傲地将自己做的五星红旗展示给大家看。

3. 带领幼儿参加升旗仪式

师:小朋友们参加升国旗的仪式。看着五星红旗冉冉升起,更为自己是一个中国人而感到骄傲。

4. 引导幼儿认识我们的祖国。

(1) 老师带领小朋友们认识了我国各民族的服饰和风俗习惯。

(2) 教师带幼儿一起跳了维吾尔族的舞蹈《大阪城的姑娘》,了解了不同民族有不同民族的文化,知道我国是一个由 56 个民族组成的土地辽阔富饶的国家。

5. 师幼一起给祖国妈妈过生日。

(1) 给祖国妈妈过生日,分享蛋糕。

(2) 让我们对祖国妈妈说一句生日祝福的话。

6. 课堂延伸。

请幼儿把自己做的五星红旗贴在活动板区域里,供大家一起欣赏,共同庆祝。

(四) 活动流程

1. 放飞童心。

开场舞蹈《放飞童心》(艺术团幼儿表演)。

2. 主持人开幕。

幼儿 1:亲爱的爸爸妈妈。

幼儿 2:亲爱的爷爷奶奶。

幼儿 3:亲爱的老师、小朋友们,大家好。

教师甲:带着丰收的憧憬,迎着十月的金秋。

教师乙:带着满怀的豪情,共贺祖国的生日。

幼儿 4:灿烂的笑容和祖国的花朵一起绽放。

幼儿 5:嘹亮的歌声同欢庆的锣鼓一起敲响。

合:让我们把颂歌献给祖国妈妈,祝祖国妈妈生日快乐。南京军区政治部小天鹅幼儿园 2010 年"爱祖国,爱家乡"中华颂艺术活动现在开始!

3. 园长致词。

4. 庆祝联欢活动。

年龄段	班级	活动名称	形式
小班	小一班	《如果爱我,你就抱抱我》	歌唱
	小二班	《老师老师》	情景剧
	小三班	《父老乡亲》	舞蹈
	小四班	《欢乐中国年》	歌表演
	小五班	《红孩子》	歌唱
	小六班	《爷爷为我打月饼》	歌唱

续 表

年龄段	班级	活动名称	形式
中班	中一班	《我爱北京天安门》	歌表演
	中二班	《歌唱祖国》	歌唱
	中三班	《在灿烂的阳光下》	舞蹈
	中四班	《爱我中华》	歌唱
	中五班	《共同长大》	歌表演
大班	大一班	《祖国颂》	诗朗诵
	大二班	《三字经》	情景剧
	大三班	《呼哈宝贝》	舞蹈
	大四班	《红星闪闪》	歌表演
	大五班	《读唐诗》	诗朗诵

三、主题活动环境创设

年龄段	班级环境
小班	1. 师幼共同布置“国旗真美丽”，悬挂幼儿自制的国旗，将所有幼儿的国旗布满整个教室 2. 美工区：活动区提供半成品材料，引导幼儿动手动脑绘制美丽的烟花，庆祝祖国妈妈的生日
中班	1. 利用环保材料创设节日环境，打造喜气、祥和、温馨、趣味的幼儿生活乐园 2. 美工区：孩子们与家长一起制作红灯笼、五色彩链、花球挂饰，悬挂于教室、走廊中
大班	1. 结合幼儿收集的图片、实物资料，师幼共同讨论环境布置的形式、位置、所需材料等，可以分别布置出“各族儿童是一家”、“北京天安门”、“祖国妈妈的生日”、“我们都是中国人”等主题教育环境 2. 活动室内挂一幅中国地图，让幼儿了解有关中国的地理位置、中国之最等有关情况，扩展幼儿的认识和视野 3. 幼儿收集各地土特产、服饰、特产的包装盒、袋等，举办“祖国特产展”、“民族服饰展”，师幼一同讨论展览的位置、物品的分类等 4. 幼儿将收集的北京名胜古迹的图片、自己游览北京及其他名胜古迹的照片以及各自画好的作品进行合理的组合布置

四、活动小结

学前期正是幼儿人生观、世界观形成的关键期，在此时期对幼儿进行爱国主义教育，培养幼儿的民族自豪感是极为重要的，因此，在设计国庆节系列活动时我们把激发幼儿的爱国情感放在了首要位置。音乐是一种重要的情感表达方式，通过唱红歌的形式可以让幼儿在欢快的节奏中体会音乐所表达的情感。

1. 寓情于境

中班的红歌会以幼儿学唱国歌导入活动，国歌所表达的情感强烈，很容易引发幼儿相似的情感体验。中班很多幼儿已经对国歌有了一定的了解。在齐唱国歌时，小朋友们都表现出极大的热情，一个个都很卖力地大声唱，整个活动的感染力极为强烈。在这样一个给祖国母亲过生日的情境中，小朋友们像是给自己过生日一样兴奋，活动伊始幼儿就表现出这样强烈的情感。

2. 寓教于乐

在幼儿的爱国情感被激发出来之后，主持人适时向幼儿介绍我们的国家、国旗、国徽等的相关知识，幼儿都在很认真地听，表现出极大的耐心和兴趣。在这样愉快的氛围下教给幼儿想让其掌握的知识，更容易让幼儿理解和接受，寓教于乐，在快乐中学习也学得快乐。

3. 寓爱于形

中班的红歌会，幼儿通过歌声表达对祖国的爱，每一首红歌都是一份对祖国深切的爱。活动现场，小朋友们都十分投入，轮流唱红歌，爱国情感被最大限度地激发，整个活动的氛围都很热烈。不仅小朋友们的爱国情感被强烈体现出来，就是我们老师也都觉得心中涌动着强烈的爱国情感。

五、教学资料

【诗歌】

迎国庆①

十月一日阳光照，祖国妈妈生日到。
六十年来幸福多，芝麻开花节节高。
中秋月亮圆又圆，中华民族大团圆。
嫦娥姐姐快下来，和我们一起庆团圆。

① 2011年3月12日摘自 http://xlj20010602.blog.163.com/blog/static/280344862009913104116783/

我们的祖国真大①

我们的祖国真大，北方有冬爷爷的家，十月就飘大雪花。
我们的祖国真大，南方有春姑娘的家，一年四季盛开鲜花。
啊！伟大的祖国妈妈
东西南北中的孩子们，在同一个时候，
有的滑雪，有的游泳，有的围着火炉吃西瓜。

（薛　蓓/文）

① 2011年3月12日摘自 http://zhidao.baidu.com/question/121278585.html

幼儿园节日

我是快乐的小天鹅——新生节

一、活动背景

幼儿园的开学典礼是孩子人生历程中的第一个入学欢迎仪式。在主题活动中，中、大班幼儿通过自制彩带、鲜花，学习欢迎词，准备歌舞表演等不同形式的活动，感受迎接新生的自豪和快乐，增强集体荣誉感，在欣赏同伴表演的同时又能增进与好朋友的互动关系，并表达对弟弟妹妹的关心和爱护。通过让新入园幼儿接受礼物、观看节目，感受上幼儿园的快乐和对幼儿园的向往，新生家长和宝宝也能深刻感受到幼儿园这个大集体的热情。

二、活动组织

（一）各年龄段主题活动目标

小班

1. 家长更好地帮助新入园的宝宝们适应幼儿园的生活。

2. 熟悉园内环境，认识班级老师，增进与老师间的感情。

中大班

积极参加弟弟妹妹的欢迎仪式，感受做哥哥姐姐的自豪。

（二）活动准备

1. 学校提前开学，召开全园新生家长会。

2. 各班以及园舍内布置好主题墙和班级环境，要体现温馨的气氛。

3. 彩纸若干。

4. 发言准备：全体幼儿会念《欢迎词》。新生家长代表准备发言稿。教师代表准备发言稿。园长准备发言稿。

5. 材料准备：大班幼儿自制欢迎彩带。

中班幼儿手持鲜花。升旗手以及鼓队。幼儿舞蹈表演的音乐、服装和道具。学校门口张贴新的横幅标语及相关音乐、音响。

（三）活动案例

★小班语言活动——我上幼儿园啦

活动目标

熟悉园内环境，认识班级老师，增进幼儿与老师间的感情。

活动准备

各班以及园舍内布置好主题墙和班级环境，要体现温馨的气氛。

活动过程

1. 情景导入。

(1) 参观幼儿园整体环境,感受园内温馨气氛,熟悉园内环境。

(2) 认识自己的班级,熟悉班级环境。

2. 幼儿园是我的家。

(1) 认识老师。

师:我是××老师,欢迎你来到小×班。

(2) 幼儿自我介绍。

幼儿能在爸爸妈妈的帮助下介绍自己的名字,与老师互相熟悉。

师:你叫什么名字啊?(教师与幼儿进行一些简单的交流)

教师与家长进行交流,进一步了解幼儿情况。

(3) 教师与家长交流开学注意事项。

3. 今天我上幼儿园。

(1) 你是我的好朋友。

师:小朋友们从今天开始就要上幼儿园了,我们就都是大孩子了,大家都要听老师的话。我们小朋友之间也都要成为好朋友,现在请小朋友和你坐在一桌的同伴手拉手站起,和每个小朋友抱抱,然后说“你是我的好朋友”。

(2) 分组游戏。

幼儿分组进行区角游戏,学会和同伴合作,尽快适应幼儿园的环境。

(3) 集体游戏。

户外活动,老师带幼儿玩一些集体游戏,让幼儿在轻松、愉快的环境中度过上幼儿园的第一天。

★新生家长会

活动目标

家长更好地帮助新入园的宝宝们适应幼儿园的生活。

活动过程

1. 利用课件生动具体地向新生家长介绍本园的基本情况。

2. 教师通过各种事例和多年的入园经验深入阐述“家长与孩子如何应对入园分离焦虑”,介绍家长在园行为规范和幼儿园接送制度等。

3. 让家长及早做好各方面准备工作,更科学合理地鼓励孩子迈出从家庭走向社会的第一步。

4. 家长与本班老师见面、交流。

★中大班综合活动——弟弟妹妹来了

活动目标

积极参加弟弟妹妹的欢迎仪式,感受做哥哥姐姐的自豪。

活动准备

彩纸若干。

活动过程

1. 欢迎仪式前的谈话。

(1) 讨论欢迎仪式的要求。

师:明天小班的弟弟妹妹就要来了,我们应该怎么欢迎?

(2) 复习欢迎口号。

师:欢迎弟弟妹妹时,我们怎么说?

教师引导幼儿讨论欢迎口号:“欢迎欢迎,热烈欢迎,弟弟妹妹,我们爱你们。”

2. 引导幼儿制作欢迎道具“欢迎彩带”。

幼儿讨论制作程序。

幼儿自由制作彩带,教师指导。

3. 复习早操、韵律操。

4. 欢迎仪式排练。

(四) 活动流程

活动时间:2010 年 9 月 1 日早上 9:00~10:30。

活动地点:幼儿园操场。

活动人员:中大班全体幼儿及教师,小班全体幼儿、家长及教师。

活动内容:

1. 入场仪式。

(1) 中大班幼儿列队欢迎。

(2) 鼓队热烈欢迎。

(3) 小班幼儿和家长入场。

2. 开学致辞。

(1) 园长发言。

（2）家长代表发言。

（3）家长赠送锦旗。

三、主题活动环境创设

年龄段	班级环境
小班	1. 主题墙饰：布置“我爱我的幼儿园”主题墙饰 2. 家长园地：在家长园地贴出“致家长的信”，介绍主题活动的构想和所需配合的事项 3. 在区角提供各种有趣、好玩的拖拉玩具、电动玩具、手偶等 4. 准备各种小贴画
中班	1. 主题墙饰：师幼共同布置“我爱弟弟妹妹”主题墙饰，悬挂幼儿购买或自制的可爱小玩具，还可以收集幼儿在园的一日生活的照片布置其中 2. 布置主题墙饰
大班	自制欢迎小班弟弟妹妹的道具、贺卡等

四、活动小结

新生节是我们幼儿园自己拟定的节日，很多幼儿园都有欢迎新生的活动，但很少有幼儿园把这一个活动固定为某一个节日。在设计这一别具特色的新生节时，我们综合考虑中大班幼儿和新入学幼儿两方面的发展需要，设计了一系列的活动。

1. 接纳与表达——责任心的培养

中大班的孩子们在欢迎仪式前几天就已经开始精心准备了。幼儿都有想当大孩子的心理，知道自己要成为大哥哥大姐姐了，一个一个都十分认真地准备欢迎活动。在新生节这天，中大班的小朋友们优美动人的舞蹈、激动人心的鼓声引起了阵阵喝彩。在活动中，中大班的幼儿学会了去接纳新的伙伴，学会了用自己的方式去表达友好，培养了自己的责任心和自豪感。小班的幼儿则学会适应环境，学会与其他伙伴进行交往。

2. 以大带小，减少入园焦虑

中大班的小朋友们不仅表演了歌舞表示对弟弟妹妹的欢迎，还在教师的引导下主动与小弟弟小妹妹们进行交流。孩子们之间有他们独特的交流和调节情感的方式，很多事我们成人费尽心思的努力反而不如孩子们简单的交流有效果。让中大班的幼儿带领新生，可以减少幼儿的入园焦虑，让幼儿学会与同伴交流，尽快熟悉幼儿园的生活并喜欢上幼儿园。家长在活动中也感受到这种浓浓的关爱。让孩子在这样一个温馨友爱的集体中成长还有什么好担心的呢？

（杨　旭/文）

童心·童真·童趣——小天鹅童话节

一、活动背景

台湾童话作家张嘉骅曾说过:"童话对于我们每个人来说,不但小孩子要读,青年人、中年人甚至老年人都要读,因为没有童话的童年是不完整的,童话将永远伴随着人的一生,直到生命的尽头……"童话节是我园的特色活动,也是每个孩子最期盼的节日。

童话节为期一周,由开幕式、小班表演、中班表演、大班表演、彩装巡游、闭幕式和摄影展等活动组成,孩子们既当演员又当观众,通过自己参与表演和观看活动,感知每个童话中所蕴含的道理。人们都说惟有自然地进入心灵的情境才能算是一个合适的情境,在情境中融入知识远比向知识中植入情境来得真切。因此,在童话节各种剧目的表演中,童话情境变得真实可以触摸——同班的小伙伴成了老爷爷、老师成了大萝卜,这样老师和孩子们的心灵距离一下子就拉近了许多。通过惟妙惟肖的表演,孩子们充分展现了自己的表演才能;同时,童话节丰富多彩的活动让孩子们找到了更多的乐趣。如今童话节已成为孩子们的节日,它为孩子们营造出一个多彩的童话世界。

二、活动组织

(一) 开幕式:童心·我们爱童话

活动时间:周一上午 9:30~11:00。

活动地点:幼儿园大门口、操场。

活动形式:

1. 吉祥物小天鹅给幼儿和家长们分发童话节活动资料和宣传手册。

2. 丑小鸭、大灰狼等人偶带领家长和孩子们在"童心·童真·童趣"的主题横幅上签名。

3. 观看木偶剧《神笔马良》。

观看木偶剧《神笔马良》

4. 引导家长了解我园童话节的活动区域。

（二）童真·我们演童话(一)

活动时间:周二上午 9:30～11:00。

活动地点:户外场地搭建的舞台。

活动形式:

1. 小班表演童话剧。

2. 幼儿、家长和童话角色互动、合影。

观看演出的幼儿在 9:30 之前,自带椅子按年龄段在舞台前的场地上就座,小班最前面,中班次之,大班最后。

小蝌蚪找妈妈

小兔乖乖

金色的房子

狼和小羊

(三) 童真·我们演童话(二)

活动时间:周二下午 3:00～4:30。

活动地点:户外场地搭建的舞台。

活动形式:

1. 中班表演童话剧。

2. 幼儿、家长和童话角色互动、合影。

观看演出的幼儿在 3:00 之前,自带椅子按年龄段在舞台前的场地上就座,小班最前面,中班次之,大班最后。

小熊拔牙

三只小猪

小马过河

渔　童

(四) 童真·我们演童话(三)

活动时间:周三上午 9:30～11:00。

活动地点:户外场地搭建的舞台。

活动形式：

1. 大班表演童话剧。

2. 幼儿、家长和童话角色互动、合影。

观看演出的幼儿在 9:30 之前，自带椅子按年龄段在舞台前的场地上就座，小班最前面，中班次之，大班最后。

滥竽充数

阿里巴巴和四十大盗

灰姑娘

鸡毛信

（五）童趣·我们畅游童话世界

活动时间：周三下午 3:00～4:30。

活动地点：各班教室。

活动形式：

1. 各班教师组织幼儿一起把自己班的教室打扮成童话场景。

2. 环境美化组成员组织家长志愿者，以包干区的形式创设操场、走廊环境中的童话场景。

3. 班级幼儿在班里配合童话场景，进行服装、道具的展示。

（六）童趣·我们的巡游狂欢会

活动时间：周四上午 9:30～10:30。

活动地点：户外活动场地和多功能厅、舞台等。

活动形式：

1. 全体幼儿在家长帮助下把自己打扮成某个童话角色形象。

2. 按照班级排序，从园内出发，进行童话人物巡游展（9:30出发，10:30之前回到班级）。

（七）童心·童真·童趣——我们的“童话节”闭幕式

活动时间：周五上午9:30～10:30。

活动地点：户外舞台、各班教室。

活动形式：

1. 幼儿园园长致闭幕词。
2. 童话角色分发糖果礼物。
3. 各班幼儿回班级交换并阅读童话书籍。
4. 活动注意事项。

（1）闭幕式就座方式同欣赏童话剧表演。童话角色分发礼物时，要注意提醒小观众在自己的座位上接受礼物，不要拥堵和哄抢，以免造成危险。

（2）在周五之前请每位家长帮助孩子准备一本童话书籍，写上推荐理由和祝福，并进行包装，周五上午带到班级与同伴进行交换。

（八）后续活动：“我们眼中的童话节”——家长、幼儿童话节摄影展

活动时间：本月。

活动地点：户外展览板。

活动形式：

1. 摄影展照片由家长和孩子共同投稿，从中选取孩子和家长在童话节期间拍摄的各种照片。
2. 结合开幕式上的签名，由美术组负责统一进行展览排版。
3. 上传成果到幼儿园网站“童话节”专题栏目中进行展示。

三、活动小结

1. 童心·童真·童趣

我园本届童话节的主题是“童心·童真·童趣”。开幕式以系列主题活动的形式举行，通过为孩子提供参与、展示的舞台，让大家在全体参与、全程陪同的快乐氛围中，

感受我园童话节的魅力；另外在获得家长们的大力支持的同时，力求把童话节办成孩子们自己的节日、自主的节日。

参加童话节开幕式的除了我们幼儿园的全体师幼和家长，还有自童话节活动举办以来就一直给予关心和支持的部队各级领导，他们同孩子们一起庆贺、一同分享、一同快乐。部队首长肯定了我园童话节的品牌特色，告诉孩子们，“你们每个人都是这温暖氛围中的一朵绚丽绽放的可爱花朵，每个人都是祖国复兴道路上意气风发的好孩子。”

2. 结合幼儿年龄特点，通过童话节的活动使童话与教育实现了融合

小班老师通过让幼儿在参与创造性的角色、创造性的故事的同时，使幼儿在和同伴的互演、互看、互助的过程中以及在平时的童话剧教育活动中，培养和促进其人际交往能力。中班借助童话剧，先欣赏故事，再进行童话剧排练，丰富幼儿表演中的交流语言，很好地培养了幼儿与人交往的能力，提高了他们交往的技能。大班老师则通过生动、形象、直观、有趣、寓教于乐的童话剧这一集科学性、创造性于一体的有效载体，极大地满足了大班幼儿的好奇心，通过对童话剧的欣赏、排演、体验激发大班孩子们的自信心。另外，以幼儿喜欢的角色和情节作为教育的切入口，效果大大超过教师的反复说教。

在童话节里，各年级组的老师都围绕幼儿年龄特点，进行有关童话剧的编排，将童话剧文化渗入幼儿在园的学习、游戏、运动、生活等课程，在渗透过程中寻求相融的途径，关注孩子的发展与需要。

（刘　乐/文）

“小鹅天天长”运动会

一、活动背景

运动会是一种在玩乐中进行体育锻炼、在体育运动中进行玩乐的集体性活动。“小鹅天天长”运动会注重趣味性、娱乐性、合作性、观赏性，以集体参加游戏的形式让幼儿同时参与健身活动。

此活动只有半天时间，但前期准备时间长达一个月。教师主要利用晨间锻炼、体育活动、户外活动等时间组织幼儿进行比赛项目的练习：第一个星期教师组织全班幼儿学习各个比赛项目；第二、三星期幼儿练习；第四个星期，幼儿分组重点练习自己的比赛项目。运动会的赛前准备增强了幼儿动作的协调性和灵活性，让幼儿学会了合作。在整个运动会的比赛过程中，通过竞争、合作、互勉让幼儿懂得团结就是力量，学会了互相帮助，学会了坚持，学会了为别人喝彩，更体会了运动的快乐和竞争的乐趣，也培养了规则意识、团队精神、协作精神和集体荣誉感。

二、活动组织

（一）各年龄段主题活动目标

小班

1. 对体育活动有兴趣，敢于在集体面前大胆表现。
2. 尝试钻、爬、跳等体育动作，增强动作的协调性和灵活性。

中班

1. 对体育活动有兴趣，丰富动作技能。
2. 提高手臂、手腕、膝盖的控制能力及手眼协调性。

大班

1. 对体育活动有兴趣，以集体参加游戏的形式参与健身活动。
2. 在比赛中学会合作、竞争，体验团结、竞争的意义。

（二）活动准备

1. 班级牌各班 1 个。
2. 为运动员比赛加油的口号、歌曲等。
3. 统一的运动服。
4. 室外有塑胶跑道的操场。
5. 各年级比赛项目需准备的器材（内容如下）。

（三）活动案例

★小班体育活动——小兔跳跃

活动目标

1. 能主动、积极地参与体育活动。

2. 在活动中练习并腿跳。

活动准备

小兔头饰人手1个，大灰狼面具1个。

活动过程

1. 引出课题：教师扮作“兔妈妈”，幼儿扮作“小兔”，在场地中间“小兔跳”。

师：兔宝宝们，今天妈妈带你们去森林里玩儿吧。

2. 游戏“种萝卜”。

(1) 师：兔妈妈带着小兔走过小桥，跳过小水沟，来到萝卜地。兔妈妈和小兔在种萝卜时，大灰狼出现了，小兔四散逃跑躲了起来。

师：宝宝们，快躲起来呀，大灰狼来啦！

(2) 教师示范小兔跳，并请2～3名幼儿示范跳的动作。请幼儿说一说跳的时候要注意什么。

教师讲解：很多人一起跳的时候要看好方向，尽量不与别人碰撞。

3. 小结。

师：宝宝们，大灰狼不见了，我们回家吧。

“兔妈妈”带小兔一起去拔萝卜。然后与小兔们抬着萝卜回家。

★中班体育活动——飞跃冒险岛

活动目标

1. 在活动中不怕困难，勇于挑战。

2. 学习助跑跨跳动作，能正确起跳和落地。

3. 锻炼幼儿腿部力量，提高身体协调性。

活动准备

平衡木3条，脸盆、袋鼠头饰。

活动过程

1. 引出课题。

师：我是袋鼠妈妈，我的家在袋鼠岛上，那里的风景很美丽，你们和我一起去玩吧。

2. 袋鼠妈妈带着孩子们开始长途跋涉(踢腿—蹲着走—单脚跳—跨跳—脚尖走等)。

师：袋鼠宝宝们，我们去岛上吧，要学着妈妈的样子跳哦！

3. 在袋鼠岛上学跨跳过袋鼠蛋。

袋鼠妈妈带着幼儿来到岛上，发现沙滩上有许多袋鼠蛋(倒置的脸盆)，我们必须从袋鼠蛋上跨过去，看谁跳得最好，不踩坏蛋。

4. 表扬每一位勇敢的幼儿。带着袋鼠蛋做放松动作。

★大班体育活动——小白兔协奏曲

活动目标

1. 培养幼儿合作精神和协调能力。

2. 引导幼儿学习单脚协同跳的基本动作。

3. 增强幼儿腿部力量，提高跳跃能力。

活动准备

垫子、积木、椅子。

活动过程

1. 幼儿扮演小白兔并与教师做准备活动。

伸展运动—下蹲运动—扩胸运动—体转运动—跳跃运动—整理运动。

2. 教师提出问题，幼儿自由探索。

师：小白兔和好朋友合作起来跳一跳，有哪些跳的方法呢？

幼儿自由探索。幼儿之间相互合作，探索各种协同跳的方法。

教师参与幼儿活动，并引导幼儿相互学习。

3. 游戏“单脚协同跳”。

师：我们一起来玩个游戏吧！后面的小朋友一只手搭在前面好朋友的肩上，一只手抓着自己的脚，然后两人都单脚跳。要求：两个好朋友跳的节奏和速度要一致，两只脚也要统一。

4. 幼儿两两组合，练习协同跳。

5. 小结。

师幼一起做放松脚腕、膝盖、腰部、手臂等动作，收拾器械。

（四）活动流程

1. 主持人开场。

亲爱的小朋友，亲爱的老师，亲爱的家长们，大家好！小天鹅幼儿园“小鹅天天长”春季运动会，现在开始！（背景音乐：运动员进行曲）

2. 各班口号集锦。

大一班：大一、大一，勇夺第一！

大二班：友谊第一，比赛第二，重在参与！

大四班：大四、大四，运动天使，英勇无敌，勇夺第一！

中一班：中一、中一，勇夺第一，中一、中一，友谊第一！

中二班：中二、中二，小小健将，天天锻炼，快乐成长！

中四班：小小天鹅，快乐成长，锻炼身体，增强体质，友谊第一，比赛第二！

小一班：别看我的年纪小，我的志气可不小！

小二班：积极锻炼，身体强健，小二、小二，我们最棒！

小三班：小小天鹅，展翅飞翔！

小四班：团结奋斗，力争上游，努力努力，我们第一！

3. 各班比赛内容。

小班

(1) 小背篓。人数：每队6个孩子，6位家长。游戏规则：孩子背小篓子，家长把球放进篓子里，孩子跑回。

(2) 小小搬运工。人数:每队 7 位幼儿,7 位家长。游戏规则:孩子与家长间隔排列并依次传球。

(3) 送娃娃。人数:每队 6 位孩子,6 位家长。游戏规则:孩子站在起点,家长在终点,第一个孩子推小车至终点,家长帮助小车掉头,把小车推回起点交给第二个人,先完成的队获胜。

(4) 快乐的小天鹅。人数:每队 6 位幼儿,6 位家长分两侧,每侧 3 组幼儿和家长。游戏规则:第一组幼儿和家长同时出发,家长拿两个垫子,交替向前摆放,同时孩子蹦跳前行。至终点,将垫子交给第二组幼儿和家长。先完成的队获胜。

(5) 夺红旗。人数:每队 6 位孩子,6 位家长。游戏规则:孩子爬垫子至终点,家长在终点把红旗交给孩子,孩子再绕椅子跑回,第二个人出发,先爬完的队获胜。

中班

(1) 踩高跷。人数:6 人。游戏规则:第一个人踩高跷走到终点绕回,第二个人出发。先走完的队获胜。

(2) 跳羊角球。人数:6 人。游戏规则:第一个人跳到终点绕回,第二个人出发,先跳完的队获胜。

(3) 赶小猪。人数:6 人。游戏规则:第一个人用羽毛球拍将皮球赶到终点绕回,第二个人出发,先结束的队获胜。

(4) 运汤圆。人数:6 人。游戏规则:第一个人用勺子端乒乓球走到终点绕回,第二个人出发,若中途球掉地把球捡起来继续走,先结束的队为胜。

(5) 乾坤大挪移。人数:每队 6 位幼儿,6 位家长分两侧,每侧 3 组幼儿和家长。游戏规则:第一组幼儿和家长拿三块垫子出发,一块一块地交替往前移,同时大人和孩子都要站在垫子上,不能掉下垫子,走到终点处将垫子交给下一组幼儿和家长,先结束的队为胜。

大班

(1) 运球跑。人数:每队 6 人。游戏规则:第一个人先运球跑到终点绕小椅子回,第二个人出发,先跑完的队为胜。

（2）踩小车。人数：每队 6 人，3 人在起点，3 人在终点。游戏规则：第一个人骑小车到终点，将小车交给第二个人骑回起点，先骑完的队获胜。

（3）跳绳。人数：6 人。游戏规则：三个班，每班 6 人同时跳，1 分钟内跳的次数多的孩子获胜。

(4) 大脚走。人数:每队 8 个人。游戏规则:8 个人,分两侧。每侧四人,两人一组,4 副大脚板,第一队出发到对面后第二队出发,先走完者为胜。

(5) 接力赛。人数:每队 8 个人。游戏规则:8 个人,一个棒,第一个人跑到终点绕回将棒交给第二个人,第二个人再出发,先跑完者为胜。

(6) 亲子游戏“拔河”。人数:每队 10 人。游戏规则:以班级为单位,两个班为一组比赛,获胜的两个班再比,最后赢的班级为胜。

4. 颁奖仪式。

四、活动小结

运动会是节日系列活动中准备时间最长的一个，这也有利于从多方面培养与锻炼幼儿的素质。

1. 身体机能的锻炼

运动会从筹备到最后的比赛历时一个月，在这期间幼儿每天都会练习比赛项目，加强了其身体机能的锻炼，使幼儿的机体协调能力、反应能力都得到很大的提升。

2. 竞争合作意识的培养

运动会就是比赛场。在运动会的整个过程中，幼儿学会为了一个目标去竞争，也学会了为了成功而合作。这一过程有利于培养幼儿良好的竞争与合作意识。

3. 亲子情感的促进

小鹅运动会需要我们的家长和孩子的默契配合。在活动中，幼儿进一步萌发对爸爸妈妈的热爱之情，有利于促进亲子之间的情感。

五、教学资料

1. 运动员代表讲话

亲爱的老师、家长、小朋友们：

金秋十月，我们迎来了“小鹅天天长秋季运动会”。随着人民生活水平的提高，全民健身运动的普遍开展，大家都对体育运动表现出了极大的热情。我们小朋友更要养成日常体育锻炼的习惯，做到身体、智力全面发展。为了比赛的顺利进行，在此，我谨代表全体运动员宣誓：我们全体运动员将严格遵守比赛规则，坚决服从裁判。发扬勇敢、顽强、拼搏的精神，赛出风格，赛出水平。在比赛中，我们将竭尽所能，发挥出最佳成绩。在这激动人心的时刻，我代表全体运动员向这次运动会致以最热烈的祝愿，同时向组织这次运动会的全体老师致以最诚挚的敬意。

努力奋斗吧！运动健儿们，再创我们小天鹅的辉煌！谢谢大家！

运动员宣誓：比赛期间，服从裁判，遵守规则，赛出友谊，赛出风格。

2. 裁判员代表讲话

亲爱的小朋友们，尊敬的家长、老师们：

在这阳光明媚秋高气爽的季节里，我们小天鹅幼儿园全体师生，满怀喜悦的心情，以精神饱满的姿态，欢聚一堂，隆重举办“小鹅天天长秋季运动会”。让我们以最热烈的掌声对这次运动会的召开表示最真诚的祝贺。

我代表裁判员向大家表示：全体裁判员都要及时到位，客观、公正地履行裁判职责。对每一个运动员进行正确的评价和裁判。希望全体运动员，认真参加各项体育竞赛运动，发挥自己的最佳水平，努力实现自己最好的成绩。最后，预祝本次运动会取得成功。

（侯　俊/文）

快乐飞翔——幼儿园毕业典礼

一、活动背景

幼儿园毕业典礼可以说是孩子们人生历程中的第一个毕业典礼。在毕业典礼前期的主题活动中，大班幼儿通过自制博士帽、通讯录，学习毕业诗，学唱毕业歌，准备歌舞表演等不同形式的活动，感受毕业的自豪和快乐以及对幼儿园、教师的依依惜别之情。毕业典礼也激发了幼儿作为一名毕业生的光荣感，增强了其成为小学生的愿望。同时，中班幼儿通过制作礼物、赠送礼物、学习献词等活动，激发了对长大、对毕业的向往之情。

二、活动组织

（一）各年龄段主题活动目标

大班

1. 初步了解博士帽的结构，自己设计制作博士帽。

2. 能条理清晰地讲述自己的通讯地址、联系方式和小学名称。

3. 能有感情地学习诗歌、歌曲，回忆幼儿园的美好生活，在活动中感受同伴之间的依依惜别之情。

中班

1. 学习诗歌，在活动中感受与大班哥哥姐姐的惜别之情。

2. 能有感情地朗诵，表达对大班哥哥姐姐的祝福。

（二）活动准备

1. 经验准备。幼儿会念《毕业诗》、会唱《毕业歌》。

2. 发言准备。家长代表准备发言稿。教师代表准备发言稿。园长准备发言稿。中班幼儿准备致辞。

3. 材料准备。每位幼儿一顶博士帽、一张毕业证书。各班舞蹈表演的音乐、服装和道具。背景音乐:《风之彩》、《童年》、《感恩的心》、《殇》、《歌声与微笑》、《友谊地久天长》。

4. 场地准备。幼儿园三楼礼堂,会场周围悬挂彩色气球。横幅——“艺术人生、快乐童年”南京小天鹅幼儿园大班毕业典礼。舞台音响。

(三)活动案例

★大班美术活动——博士帽

活动目标

1. 观察博士帽,初步了解博士帽的结构。

2. 自己设计制作博士帽,感受毕业的快乐。

活动准备

博士帽1顶,黑色、红色卡纸若干,剪刀、胶水人手1份。

活动过程

1. 出示博士帽,幼儿认识博士帽的帽体、帽缘和帽穗。

2. 幼儿讨论设计,如何用卡纸制作。

3. 幼儿制作,相互交流。

4. 幼儿展示自己制作的博士帽。

我毕业啦!

★大班音乐活动——毕业歌

活动目标

1. 学唱歌曲,能唱准三拍子的强弱音和附点音符。

2. 能有感情地演唱歌曲。

3. 回忆幼儿园的美好生活,有做一名合格小学生的愿望。

活动准备

1. 师幼共同收集三年来在园活动的照片,布置活动室。

2. 幼儿的成长档案册。

活动过程

1. 翻阅自己的成长档案册,与同伴交流。

2. 观看活动室内的照片,回忆三年的幼儿园生活。

3. 教师有感情地演唱《毕业歌》,幼儿理解歌曲内容。

4. 学习演唱歌曲。

5. 述说自己的变化,表达对老师的爱、对同伴的情感。

★中班语言活动——送别

活动目标

1. 学习散文《送别》,感受与大班哥哥姐姐惜别之情。

2. 会用身体动作表达对散文的理解。

3. 能有感情地朗诵《送别》,表达对大班哥哥姐姐的祝福。

活动准备

1. 事先准备好送给大班哥哥姐姐的礼物。

2. 准备好祝福话语。

3. 相机。

活动过程

1. 师幼讨论。

师:哥哥姐姐就要毕业了,我们能为他们做什么?

2. 幼儿欣赏散文,感受散文的语言美。

(1) 教师有感情地朗读散文。

(2) 幼儿学习散文。

3. 与大班哥哥姐姐联欢。

(1) 幼儿与大班哥哥姐姐两两结对,向哥哥姐姐献上祝福语,并赠送礼物。

(2) 和哥哥姐姐合影。

(四) 活动流程

1. 欢天喜地。

(1) 开场舞蹈《欢天喜地》(幼儿表演)。

(2) 主持人上场(背景音乐《风之彩》)。

2. 真情感言。

(1) 园长致辞(背景音乐《感恩的心》)。

(2) 家长代表致辞(背景音乐《殇》)。

(3) 中班小朋友致辞(背景音乐《童年》)。

(4) 大班教师献词(背景音乐《感恩的心》)。

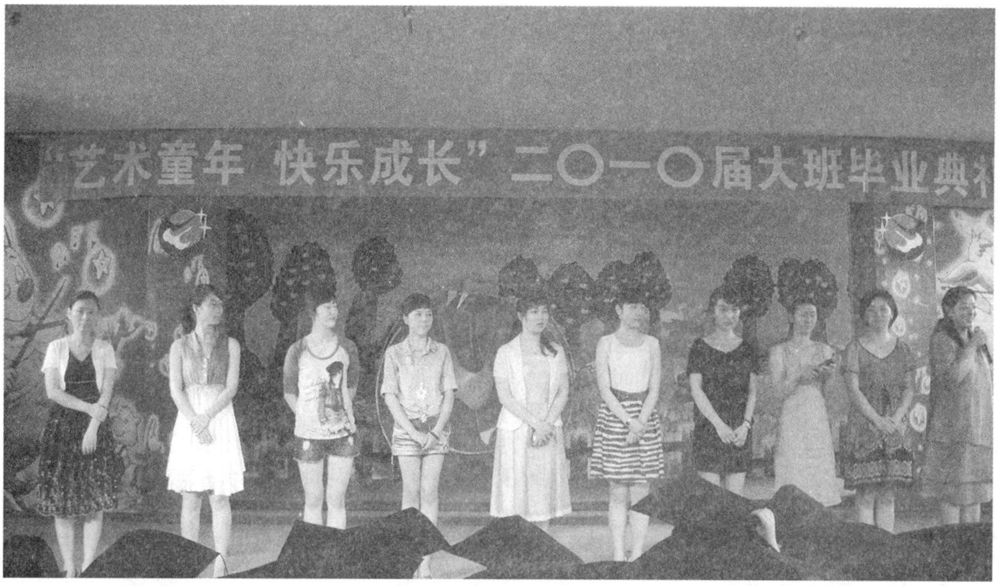

3. 神采飞扬

(1) 全体幼儿朗诵毕业诗、唱毕业歌。

(2) 颁发毕业证书(背景音乐《歌声与微笑》)。

(3) 家长代表赠送锦旗和鲜花。

4. 快乐飞翔。

各班节目表演。

5. 依依惜别(背景音乐《友谊地久天长》)。

合:小天鹅幼儿园 2010 届大班毕业典礼圆满结束,祝所有的小朋友幸福快乐!

(1) 全体幼儿、家长、教师合影留念。

（2）各班幼儿、教师合影留念。

（3）幼儿互换礼物，领取通讯录。

三、主题活动环境创设

年龄段	班级环境
中班	1. 提供各类材料，给哥哥姐姐制作礼物 2. 主题墙饰：布置主题墙饰“祝福哥哥姐姐”，以照片和图画为主
大班	1. 师幼共同布置“快乐飞翔——毕业典礼”的活动场景，展出幼儿和家长自制的卡片和通讯录等 2. 收集幼儿在园生活、学习3年以来参加幼儿园各项活动的照片 3. 美工区：提供各类材料，供幼儿制作博士帽 4. 家长园地：在“家园互通”栏中张贴有关毕业典礼的活动流程，提醒家长做好需要配合的相关事宜

四、活动小结

1. 爱的教育

伴随着悠扬的音乐声，园长、老师代表、中班幼儿代表、家长代表逐一上台致辞。句句肺腑之言寄托了大家的爱和祝福。台下的孩子们早已经唏嘘不已，有的甚至是放声大哭，家长们静静地坐在位子上抹起眼泪。这是一个真实的画面，画面中流淌出一份份真实的爱、一份份真挚的爱、一份份感激之情。浓浓的亲情、深深的友情、眷恋的师生情弥漫在毕业典礼上。小朋友们第一次经历毕业和离别，通过毕业典礼使他们深深体会到对同伴的爱、对老师的爱和对幼儿园的爱。

2. 成长的教育

我园是以艺术为特色的幼儿园，我们为每个孩子搭建了平台，给他们展示的机会。孩子们在这里找到了自信，找到了认可，得到了同伴的赞美，体验到了成功的快乐。特别是园长给每个孩子颁发毕业证书的时候，每个孩子都那么认真、那么激动，他们在为自己自豪，为即将成长为一名小学生而感到自豪。

3. 感恩的教育

毕业典礼也成了一场答谢会：孩子们感谢老师的爱和教育；家长感谢老师对孩子的照顾和培养；老师感谢孩子们带来的快乐和家长无私的支持；幼儿园则感谢所有的幼儿、家长和老师，正是因为有了他们，幼儿园才能如此又好又快地发展。

五、教学资料

1. 园长发言稿

亲爱的小朋友、老师、家长朋友们：

今天的天空星光灿烂，今天的幼儿园热闹非凡，今天的小朋友们激情洋溢，今天的老师、家长们都满心欢喜。这美好的夜晚，这欢乐的幼儿园，这热情的小朋友，这幸福愉悦的老师、家长们，都在为大班毕业的小朋友祝福，都在为大班毕业的小朋友喝彩，祝贺大班小朋友们愉快地度过幼儿园的生活，祝贺大班小朋友的成长和进步！

亲爱的大班小朋友们，你们还记得吗？三年前你们还是一个不肯离开爸爸妈妈怀抱的小毛娃，刚进入幼儿园的时候还不时地哭着、喊着要妈妈。三年来，你们上小班、入中班、进大班，你们学会了在集体中生活，学会了独立做事，学会了交朋友，学会了讲故事，这很多很多的"学会"，使你们从一个个胆怯、任性、淘气的娇宝宝，成长为一个个健康、自信、活泼、开朗、能干、智慧的好儿童。在幼儿园四楼多功能室里，有你们自由选择、自行设计、自主操作、自我评价、大胆探索的印记；在绿茵如绒的户外操场上，有你们奔跑、跳跃、攀爬、滚打、勇敢锻炼的身影；活动室里有你们踊跃发言、积极思考、孜孜以求的表现；欢庆的舞台上有你们多姿多彩、优美动人的舞姿和歌声；餐桌上有你们味美香甜的细嚼慢咽；寝室里有你们幸福平和的呼噜声声。这一切的一切是这般的亲切，这样的和美；这一切的一切是这般的熟悉，这样的纯真。正因为有你们，小天鹅幼儿园才生机勃勃；正因为有你们，你们的老师、主任阿姨才倍感满足，倍感年轻！

小朋友们，今天你们就要从这个幼儿园毕业了，在祝福你们成长、祝福你们进步的同时，我们也有很多很多的留恋之情。今天的毕业典礼是你们人生中的第一次毕业典礼，以后你们还会参加小学、中学、大学等毕业典礼，希望你们牢牢记住今天，好好学习，好好做人，走好你们人生的每一步，做一个品德高尚、体魄健壮、适应新时代、全面发展的新人，同时也希望你们记住南京军区政治部小天鹅幼儿园，记住曾经辛勤哺育你们成长的老师。

借此机会，我还要向在座的家长朋友们说几句：在我们幼儿园建设发展、实施保教的工作中，得到了家长朋友的支持、理解、帮助和支持。三年的相互合作是愉快的，可以说你们的帮助伴随着我园的发展脚步。此刻，我代表幼儿园向你们表示衷心的感谢！

2. 教师代表发言稿

各位老师、各位家长、各位小朋友，你们好！

时间过得真快，你们刚入园的一幕幕犹如就在昨天，可转眼间你们就要毕业了。感谢你们三年来的陪伴，让我们每一天都快乐充实。老师为你们的点滴成长加油，为你们的点滴进步喝彩。你们从一个个什么都不会、什么都不懂的小娃娃渐渐地变成了一个个聪慧、可爱、懂事、能干的"小天鹅"，老师打心眼儿里为你们高兴。其实，老师从你们的身上也学到了很多的东西，临别之际，我要说一声：谢谢你们！同时我也感谢在座的每一位家长，没有你们的宽容和理解，没有你们的大力支持与帮助，也就没有我们小天鹅的今天，所以我要衷心地说一声：谢谢你们，各位家长！

我仍然记得在参观小学的时候，你们激动得又唱又跳，我是既高兴，又难过。高兴的是你们终于长大了，难过的是分别的日子来临了。

飞翔吧！孩子们，我的天空太小了。当你们飞翔在广阔的蓝天时，别忘了你们曾经学飞停落的枝头。我衷心地祝愿你们在今后人生的每一个驿站都有母亲般的关怀。

今放乳雁飞，喜盼大雁回。小天鹅们带着老师们的祝福飞翔吧！理想离你们越来越近了，请相信，你们是我最大的骄傲！

3. 中班幼儿发言稿

送 别

时间像飞鸟，滴答滴答向前跑，今天大哥哥大姐姐就要毕业了，明天你们就要上学校。忘不了呀，你们的欢声笑语；忘不了呀，你们的精彩表演；忘不了呀，你们游戏的身影；忘不了呀，你们优美的歌声；更忘不了你们对我们的关心和帮助。希望你们记住幼儿园愉快的生活，记住老师亲切的教导，记住弟弟妹妹对你们的想念。亲爱的哥哥姐姐再见了，愿你们好好学习，天天向上；亲爱的哥哥姐姐再见了，愿你们健康快乐，生活愉快；亲爱的哥哥姐姐再见了，愿你们都有一个幸福美好的明天！

4. 家长发言稿

尊敬的幼儿园领导、老师们，亲爱的家长、小朋友们，大家好！

今天我们在这里隆重举行大班孩子们的毕业典礼。希望今天的典礼能给大家留下难忘而美好的回忆。此时此刻我站在这里面对大家，即使有万语千言也难以表达我现在的心情。请允许我代表全体大班家长，向几年来关心和爱护我们孩子的幼儿园领导致以最崇高的敬意！向为小朋友健康成长倾注了全部热情和智慧的老师们表示最衷心的感谢！并向即将成为特别光荣的小学生的小朋友们表示最热烈的祝贺！

仿佛就在昨天，我们的孩子来到了幼儿园。他们从不懂事的孩子成为今天具有独立意识、关心他人、尊敬师长、团结友爱的准小学生。这些良好素质的养成，无不凝聚着老师们辛勤的汗水，而这种品质，将是孩子们人生道路上的指明灯。

作为家长的我们有时因为工作忙、学习忙，或多或少疏忽了孩子的成长教育问题。是老师们，无微不至地照顾着孩子们的生活，耐心细致地指导孩子们的学习，密切关注孩子们的心理发展变化，并给予健康正确的引导。

老师们，你们无私奉献、不求回报；你们循循善诱，帮助孩子们全面发展，包容他们的无知与固执，改正了他们的错误和缺点。你们所有的辛苦付出只为孩子们的健康成长。

小朋友们，相信你们也不会忘记在幼儿园的日日夜夜。在这里，你们养成了爱学习、讲文明、讲卫生、懂礼貌、肯动脑的好习惯；在这里，你们知道了什么是真善美，什么是假丑恶；在这里，你们度过了健康快乐的每一天。在你们马上就要离开这温馨美丽的校园、成为一名合格的小学生的时候，我提议你们和现在身边的老师们拥抱一下，来感谢三年来老师们的辛苦付出，好不好？

小朋友们，今天你们生机勃勃，就像春天的小树苗，在茁壮成长；明天，你们将是支撑祖国大厦的栋梁。爷爷、奶奶、爸爸、妈妈希望你们牢记幼儿园老师对你们的教导，把在幼儿园学到的优良品质带到小学去，成为最优秀的小学生！当你们提起自己曾经是小天鹅的小朋友时，希望小学的老师们都会对你们竖起大拇指。小朋友们，你们能做到吗？

最后，我代表大班全体的家长，再次向辛勤工作的领导和老师们表示衷心感谢，同时也预祝我们的孩子在以后的日子里能健康快乐地成长！

谢谢大家！

（丁　杉/文）

附录

幼小衔接

一、活动背景

为了推进素质教育，加强幼儿园和小学的衔接，我园有目的、有计划地对大班幼儿进行了适应性的教育，即在幼儿园大班开展幼小衔接活动，旨在帮助学前儿童实现从幼儿园到小学两个不同阶段的教育的平稳过渡，让幼儿能建立自信心，能健康快乐地适应小学阶段的学习，保持身心的和谐发展。

当春天缓缓向我们走来的时候，我们和孩子们一起又迎来了新的学期。这是大班幼儿在园的最后一个学期，也是入小学前最关键的一学期。我们把幼儿入学准备工作做为本学期的工作重点，加强幼儿前阅读、前书写的训练，将学前的准备工作与主题探究活动、各学科教学有机结合起来，引导孩子了解小学生活；通过模拟小学生角色，培养幼儿各种能力和习惯，包括学会倾听、分享、欣赏、思考、学习等；加强对家长的教育，从而为幼儿进入小学打好基础。

二、活动组织

(一) 活动主题目标

1. 知道小学是哥哥姐姐学习的地方，初步了解小学生的学习与生活，了解小学各种主要硬件设施的作用与功能。

2. 通过参观小学等活动，了解小学生是怎样上课的，感受小学生活的乐趣。

3. 喜欢和哥哥姐姐在一起，通过相互交换礼物、表演等活动，表达向往成为小学生的愿望。

(二) 活动准备

1. 健康方面的准备

(1) 加强体育锻炼、疾病预防等措施，增强幼儿体质，使他们能够身心健康地迈入小学。

(2) 在大班下学期采取适当延长幼儿学习时间、减少游戏时间等方法，让幼儿能够较快地从幼儿园生活过渡到小学生活。

(3) 在日常生活中培养幼儿的读书习惯、纠正其写字握笔姿势的错误，让幼儿懂得保护好自己的眼睛及各种感觉器官。

(4) 注重安全教育，让幼儿懂得并遵守交通规则，学会看红绿灯，走人行道；知道有困难找警察，记住各种急救电话；知道不能玩水、玩火、玩电。

2. 生活自理能力的准备

(1) 通过谈话、故事、社会实践等活动培养幼儿的独立意识,增强独立解决问题的能力,让幼儿在心理上对即将成为一名小学生有所准备,明白生活、学习不能完全依靠父母和教师,要学会自己的事自己做,遇到问题和困难自己要想办法解决。

(2) 培养幼儿的时间观念,让幼儿在学习生活中学会自我观察、自我体验、自我监督、自我批评、自我评价和自我控制等,让他们懂得什么时候应该做什么事并一定做好,什么时候不该做事并能控制自己的愿望和行为。

(3) 巩固幼儿良好的一日生活常规,特别是学习整理自己的书包、铅笔盒,爱护并看管好自己的物品,学会使用剪刀、铅笔刀、橡皮和其他学习工具。

3. 知识方面的准备

(1) 培养幼儿良好的学习习惯。首先,请家长配合幼儿园,让幼儿养成遵守作息时间的习惯,如不迟到早退、不随便请假等;其次,在活动中让幼儿养成爱想、爱问和认真回答问题、注意倾听的习惯;再次,培养幼儿用正确姿势握笔写字、看书的习惯;另外,通过布置适当的作业培养幼儿的任务意识,在活动中加强幼儿规则意识的培养。

(2) 为幼儿创设一个良好的阅读、书写环境。一是前阅读、前书写的渗透,如将活动室的物品都注上汉字,使活动室环境布置实现图文结合;以语言区为重点精心设计制作有关读写方面的材料,供幼儿操作并在各区域中进行渗透;让幼儿熟悉汉语拼音并坚持开展餐前的认读识字活动等,为幼儿进行前阅读、前书写提供条件。二是数学方面的渗透,加强数学区角活动,如对幼儿进行分类、统计、简单运算、自编应用题的培养,提高幼儿的逻辑思维能力,在日常活动中引导幼儿学习运用数学经验解决问题,提高幼儿独立思考问题的能力。

(三) 活动案例

★绘画活动——我是小学生了

活动目标

1. 能用画笔描绘出小学生背着书包、戴着红领巾的形象。

2. 体验成为一名小学生的光荣。

活动准备

小学生活动的各种图片。

活动过程

1. 导入活动,教师出示小学生戴着红领巾在国旗前敬礼的图片。

师:你在图片上看到了些什么?

2. 欣赏图片。

师:你们在这些图片上都看到了些什么?你们猜猜他们这是在干什么?

教师引导幼儿说出自己与小学生不同的地方。

3. 绘画:我向往的小学生活。

幼儿作画，教师从旁指导。

4. 幼儿欣赏绘画作品，相互交流。

5. 情景表演：升国旗。

幼儿模仿小学生学习敬队礼。

★语言活动——我是一名小学生

活动目标

1. 通过整理书包激发做小学生的愿望。

2. 学看课程表，知道课程表的功用。

活动准备

1. 已在活动室中展示过幼儿带来的书包，让幼儿在欣赏中了解书包的功用。

2. 小学生课本若干。

3. 课程表多媒体课件。

活动过程

1. 出示书包，引起幼儿的兴趣。

师：小学生的书包里有些什么？

教师引导幼儿对书包按学习用品、生活用品等进行分类。

小结：书包里要放的东西很多，但最重要的是放书本。

2. 让幼儿学看课程表。

师：小学生每天都要带什么书？怎么才能知道？课程表上有什么？

教师引导幼儿观察课程表，相互讨论。

师：为什么要有课程表，它有什么作用？

小结：小小课程表可以告诉我们每天有几节课，上什么课。有了课程表，我们就能按课程表来整理书包。

3. 学习按课程表整理书包。

师：这里都有些什么课本？请你按课程表来整理一下书包。

幼儿根据课程表自己整理书包，教师关注幼儿整理的过程。

师：书包整理好了，你们是按星期几的课程表来整理的？

教师请个别幼儿展示整理的书包，师幼共同讨论如何整理书包才能又好又快。

幼儿整理书包比赛。

★数学活动——复习10以内加减法

活动目标

1. 能熟练说出10以内简单的加减运算。

2. 学习在算术书写本上，正确书写出加减法的算式。

活动准备

黑板上书写10以内的加减法算式20道。

每人 1 本数学书写本。

活动过程

1. 数学抢答赛，引起幼儿的兴趣。

教师交待比赛规则，幼儿分三组进行抢答。

2. 老师出示数学本。

师：谁知道这是什么？如果我们要把算式写在这上面，应该怎样写？

个别幼儿示范，教师讲解正确的书写方法。

3. 幼儿练习。

幼儿将黑板上的题抄到算术本上，教师批改幼儿的作业。

4. 幼儿作品展示，相互交流。

（四）活动流程

1. 四月份：走进小学。

活动地点：南京市国际实验小学。

活动人员：大班幼儿、家长及老师。

活动内容：

时　间	内　容
8:00	幼儿进入南京市国际实验小学
8:05～8:25	观看小学升旗仪式、鼓号队的表演，听少先队员国旗下讲话，校领导对幼儿致欢迎词
8:40～9:40	全体大班幼儿和家长在大礼堂观摩一堂一年级的语文课
9:40～10:10	参观小学环境：包括小学生的课堂、操场、电脑房、舞蹈房、美术室、音乐室、体育馆、阅览室、卫生间等
10:10～10:20	让幼儿走进课间活动，与一年级的学生进行交流
10:20～10:40	幼儿进入学生宿舍进行参观
10:40～10:50	组织幼儿在学校门口合影留念
10:50～11:30	幼儿与小学生一起吃午餐
11:40	活动结束，与小学老师、大哥哥大姐姐再见，返回幼儿园

2. 五月份：幼小衔接讲座。

活动人员：全体幼儿园大班家长。

活动地点：南京市小营小学。

活动内容：邀请南京市小营小学的校长对家长进行有关幼小衔接之入学准备的讲座。

3. 六月份：背上小书包，走进课堂。

活动地点：南京小营小学。

活动人员：大班幼儿、教师、小学生、小学教师。

活动内容：全体大班幼儿与家长以班为单位，进一年级班级听课，幼儿也参与到活动中，积极举手发言。

4. 六月底：联欢活动。

活动地点：南京市国际实验小学。

活动人员：大班幼儿、家长和教师，国际实验小学的师生。

活动内容：大班幼儿与小学哥哥姐姐相互表演节目，共同联欢。

三、活动小结

幼小衔接是幼儿进入小学前家长、学校、幼儿共同参与的活动，是为了帮助幼儿衔接幼儿园和小学前后学习环境所需作出的准备。通过一系列的幼小衔接活动，如参观小学、参与小学生活等，孩子们的好奇心得到了极大的满足，也增加了很多关于小学生和小学的认识。

1. 幼小衔接的必要性

从幼儿园到小学，是孩子们人生道路上的第一个转折点。由于生活习惯上的骤变以及课目的繁重，许多小孩子在进入小学后出现疲劳、消瘦、害怕学习的现象。对幼儿来说，进入小学最难适应的是突然有许多新的规定和较少弹性的常规要遵守。还有一些孩子不敢跟别人说话，不会和同学交往。如此众多的问题，引起了我们极大的关注。我们开展的一系列幼小衔接活动正是要通过科学的方法，使幼儿园小朋友将来能顺利地进入小学开始学习生活，为小朋友们做一个充分的学前准备。

2. 幼小衔接的内容

我们通过一系列的幼小衔接活动，尤其是参观小学，让孩子们发现幼儿园和小学不一样的地方，也解决了孩子的一些疑问，给孩子一个宽松和谐的氛围，使幼儿体验到轻松、愉快、无拘无束的美好情感。而最终孩子们了解了小学生的学习、生活情况，从思想上做好进入小学的准备。

在和小学生的联欢中，孩子们尽情地与大哥哥大姐姐交谈、歌唱、舞蹈，增加与小学生的感情，渴望成为一名小学生；在与小学生一起进入课堂上课时，孩子们也和小学生一样踊跃地回答问题并得到小学老师的赞扬和鼓励，减少了对小学的恐惧心理，此外，增加了自信；此外，通过参与书写、计算、绘画、体育等各种教育活动，孩子们从身体和心理上都提前做好了准备。

3. 幼小衔接注意事项

在幼小衔接活动的过程中，我们也发现了一些问题。家长对于孩子马上要进入小学的焦虑比我们想像的还严重，他们的焦虑直接对孩子们产生了消极的影响，增加了孩子的压力。因此我们还需要加强对家长幼小衔接知识的普及。

4. 幼小衔接的意义

做好幼小衔接，其目的就是让幼儿在入小学前接受一两年的预备教育，提高学前儿童的身心发展水平，掌握一部分知识和技能，减少幼小衔接的坡度，从而减轻他们入小学的负担。幼小衔接的顺利进行不仅对幼儿得以尽快适应小学生活有着重要的作用，而且会影响着他们一生的教育进程。随着社会教育的发展，做好幼小衔接已是小学教师、幼儿教师和幼儿家长的共识。做好幼小衔接，不但有利于入学前后幼儿的学习和发展，而且能为孩子的后续学习乃至终身学习打下良好的基础。

幼小衔接是全面素质教育的重要组成部分。我们的幼小衔接工作目前只在大班进行，但其实幼小衔接工作应是一场持久战。从某种意义上说，衔接工作在幼儿一入园就开始了，我们的整个幼儿教育时期都要为儿童小学和今后的成长做好最基本的素质准备。

（叶　仙/文）

后 记

《小天鹅艺术教育丛书》是南京军区政治部小天鹅幼儿园承担中国学前教育研究会课题、江苏省教育科学“十一五”规划课题“让幼儿用行为演绎——艺术化园本课程的深化研究”的研究成果，反映了我园多年来对艺术化教育的理论思考和实践研究。

我园的艺术化教育起源于20世纪90年代小天鹅班的舞蹈教学。通过跟踪调查及家长的反馈，我们发现舞蹈班的幼儿进入小学后都很出色，他们自信心强，好学上进，思维活跃，乐于并善于与人交往，普遍得到学校和社会的认可。探索与实践使我们认识到艺术教育是促进幼儿全面发展的最佳途径。正如上海师范大学教授戴定澄所言：“艺术教育对人生的影响和作用的长久、持续性，是其他教育手段所难以完成、不可替代的。”也正是在这时，南京师范大学教育科学学院学前教育系博士生导师虞永平教授引领我们发现艺术是真、善、美的凝结，具有统整其他各领域内容，促进幼儿全面发展的价值。这为我园建构艺术化课程的研究之路点燃了明灯。也正是在他的引领下，我园一直在如何把艺术“化”到其他各领域中、“化”到幼儿及教师的发展中等方面积极进行探索。同时，国家督学成尚荣凭借他踏实的研究风格、儒雅的学术气质以及对美的特殊敏感给予我们极有价值的启示和帮助。在此，我们要真诚地向他们说声“谢谢”。

艺术化教育的研究倾注了许多领导与专家的心血。南京军区幼教办主任裴玲，江苏省教科所所长尹坚勤，南京市教科所刘永和所长、沈曙虹副所长，玄武区教科所江群老师，玄武区教师进修学校李静文老师为研究提供了极大的支持和指导，推进了我们的研究。在本丛书编著的过程中，还得到了很多其他专业人士的帮助，南京军区前线文工团为《舞蹈》一书提供了专业的指导，南京军区前线报社的摄影主任任龙、记者朱志刚为我们精心拍摄了舞蹈剧照、环境照片，在此，我们表示由衷的感谢。此外，我们还要特别感谢南京师范大学出版社给予我们的支持，让我们的研究成果得以出版。

另外，全园教师在丛书编写及出版的过程中都付出了辛劳和智慧。大家常常为了一个活动设计争得面红耳赤，为了一个教案主题思考到彻夜不眠……但是，我们幸福，幸福于孩子们在艺术化教育中快乐成长，幸福于自我在研究与撰写的过程中得到了提升，幸福于能让更多的人分享我们的研究心得。

天鹅起舞需要轻盈的体态，天鹅飞翔需要有力的翅膀。亲爱的读者，我们诚挚地请您遨游在小天鹅绚丽多姿、生机勃勃的艺术世界的同时，为小天鹅的成长提出宝贵的建议，让小天鹅在艺术的浸润中翩翩起舞、越飞越高！

编　者

2011 年 6 月